ようこそ国語《こくご》が苦手《にがて》な小学生《しょうがくせい》のみなさん
パッ
私《わたし》が長文読解研究所所長《ちょうぶんどっかいけんきゅうじょしょちょう》の長尾誠夫《ながおせいお》です
高校《こうこう》の国語教師《こくごきょうし》であり、かつミステリ作家《さっか》である私《わたし》が
ばっ
みなさんに長文読解《ちょうぶんどっかい》の極意《ごくい》を教《おし》えてあげましょう
しかも誰《だれ》にだってわかる超簡単《ちょうかんたん》な方法《ほうほう》でね
フフフ…
長尾誠夫《ながおせいお》
長文読解研究所所《ちょうぶんどっかいけんきゅうじょしょ》長《ちょう》。現役《げんえき》の都立《とりつ》の高校国語教師《こうこうこくごきょうし》かつ（売《う》れない）ミステリ作家《さっか》

なぜ、そんなことができるかって?
それはね、この私《わたし》がとんでもないスーパーマシンを発明《はつめい》したからなんだ
このマシンを使《つか》えば誰《だれ》だって長文《ちょうぶん》がスラスラ読《よ》めるようになるんだよ
フフフ…ハハハ
アハハハハハハ!
で、それはどんなの?
なんか楽《たの》しみ
え…君《きみ》たちは?

ほら、こんな
チラシをもらったから
こくご文《ふみ》
中学受験《ちゅうがくじゅけん》を控《ひか》えて
不安《ふあん》になっている
小学《しょうがく》5年生《ねんせい》
国語がにがてな人、大しゅうごう!
あらたにはつめいしたマシンで
長文読解のごくいを教えます
無料だから
きてね♡
ながおせいお
長文読解研究所しょちょう
都立高校こくご教師
みすてり作家
しかし
下手くそな
字だな
こくご章《あきら》
国語《こくご》が大嫌《だいきら》いな
小学《しょうがく》4年生《ねんせい》
文《ふみ》の弟《おとうと》
あぁ、これね。
私《わたし》の研究成果《けんきゅうせいか》を
知《し》ってもらいたくて
ポストに入《い》れたんだよ
はい。
中学入試《ちゅうがくにゅうし》も近《ちか》いし
実力《じつりょく》をつけて
おかなきゃと思《おも》って
ぼくは
大嫌《だいきら》いだよ
ということは
2人《ふたり》とも国語《こくご》が
苦手《にがて》なのかな?
長文《ちょうぶん》なんて
読《よ》むの面倒《めんどう》だし
なに書《か》いてるか
さっぱり
わかんないよ

そんな君《きみ》たちにこそ私《わたし》の研究《けんきゅう》が役《やく》に立《た》つんだよ
フフフ
でも高校《こうこう》の先生《せんせい》に小学生《しょうがくせい》が教《おし》えられるの？
いい質問《しつもん》だね
私《わたし》は長年《ながねん》大学入試《だいがくにゅうし》の勉強《べんきょう》を教《おし》えていて気《き》づいたんだよ
文章読解《ぶんしょうどっかい》のコツに小学校《しょうがっこう》も高校《こうこう》も関係《かんけい》ないということにね
つまり、そのコツさえマスターすれば、中学入試《ちゅうがくにゅうし》、高校入試《こうこうにゅうし》、大学入試《だいがくにゅうし》、すべてに対応《たいおう》できるんだよ
すご〜い！
それでチラシを配ったんですか
ああ、そうだよ！
そしてこれが苦心《くしん》の末《すえ》に作《つく》った長文読解伝授《ちょうぶんどっかいでんじゅ》マシンだ!!

モクモク
ウィーン
ガタゴト
なんか…オンボロだね
そうね…
……
それにミステリ作家《さっか》とかいうけど聞《き》いたことないし
ガーン!!
東野圭吾《ひがしのけいご》さんや宮部《みやべ》みゆきさんなら知《し》ってますけど…
あれ？先生《せんせい》？
どよ〜ん
どうせ僕《ぼく》は有名《ゆうめい》じゃないんだ…いじいじ10冊《さつ》は本出《ほんだ》してるんだけどな…
みんなアマゾンで買ってね…

あ、あの先生《せんせい》…じゃあ
そのマシンを使《つか》って長文読解《ちょうぶんどっかい》のコツを教《おし》えてもらえますか
あはは…
頼《たの》むよ先生《せんせい》！ぼくたち楽《たの》しみにやってきたんだから
ゆらり
そ、そうだよね…
しっかりしなきゃ…うん
これをかけてみて
これなに？
いいからいいから
スチャッ
これでいいんですか？
よし、OK！じゃあ行《い》ってみよう！
ポチッ
長文読解《ちょうぶんどっかい》の世界《せかい》へ！
キィィィン
!?
うわ～!!
カッ

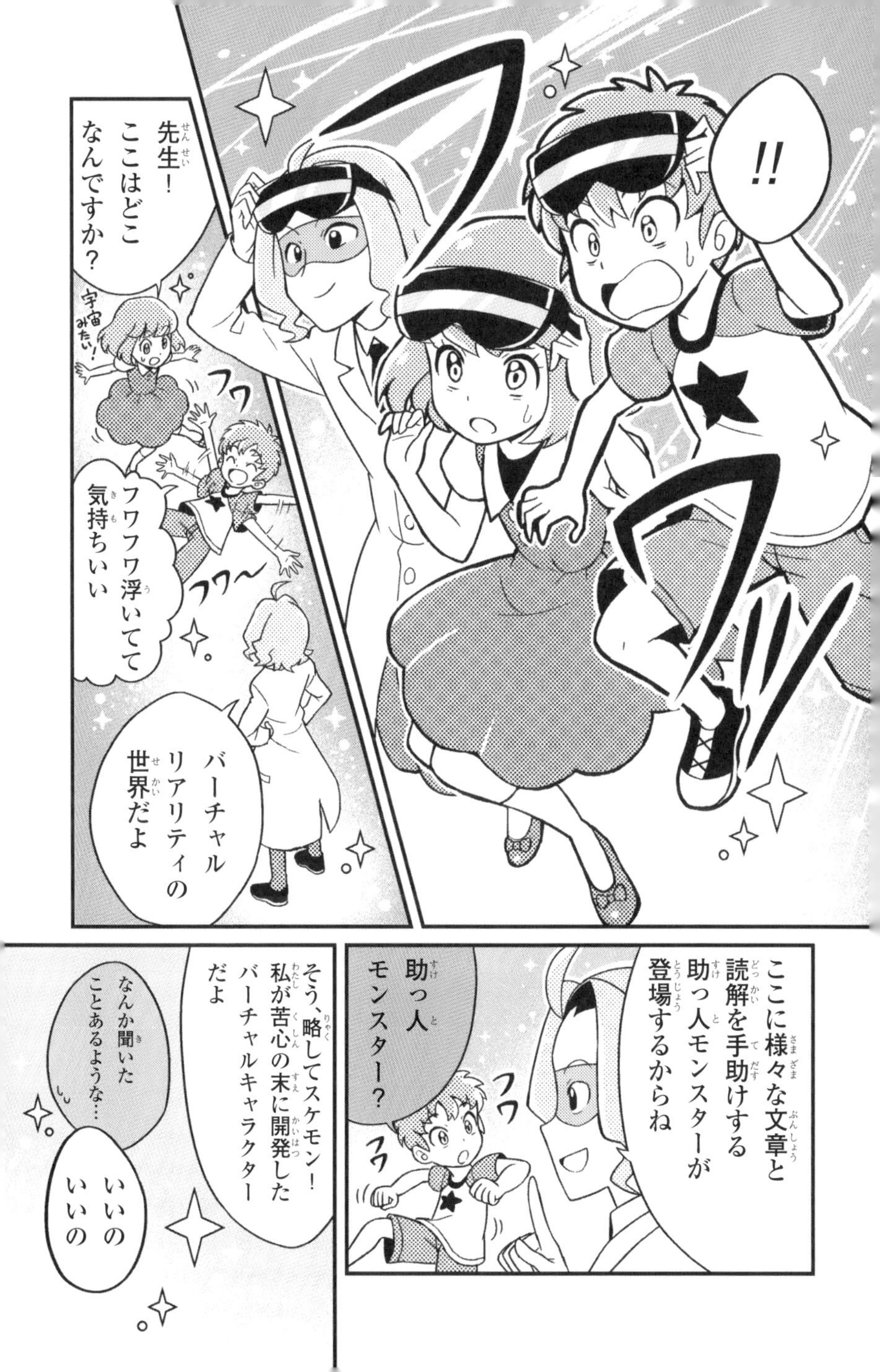
フワッ
!!
先生《せんせい》！ここはどこなんですか？
宇宙みたい！
フワ
フワフワ浮《う》いてて気持《きも》ちいい
フワ〜
バーチャルリアリティの世界《せかい》だよ
ここに様々《さまざま》な文章《ぶんしょう》と読解《どっかい》を手助《てだす》けする助《すけ》っ人《と》モンスターが登場《とうじょう》するからね
助《すけ》っ人《と》モンスター？
フワ
フワ
そう、略《りゃく》してスケモン！私《わたし》が苦心《くしん》の末《すえ》に開発《かいはつ》したバーチャルキャラクターだよ
なんか聞《き》いたことあるような…
いいのいいの

で
スケモンって どんなの？
読解《どっかい》のコツを キャラクターに したものだよ
だからスケモンの 名前《なまえ》と個性《こせい》を覚《おぼ》えて ゲットできれば読解《どっかい》の コツが身《み》につくんだ
へー
楽《たの》しみ ですね
じゃ、さっそく始《はじ》めるよ！ スケモンをゲットして めざせ長文読解《ちょうぶんどっかい》マスター！
え？ それって…
だから 気《き》にしないの
何《なん》だか なぁ…

中学受験 まんがで学ぶ！

国語がニガテな子のための読解力が身につく7つのコツ

説明文編

改訂版

都立高校国語教師／ミステリ作家
長尾誠夫
まんが：佐久間さのすけ

目次《もくじ》

中学受験《ちゅうがくじゅけん》 まんがで学《まな》ぶ！ 国語《こくご》がニガテな子《こ》のための 読解力《どっかいりょく》が身《み》につく7つのコツ（説明文編《せつめいぶんへん》）

第《だい》1章《しょう》

文章内《ぶんしょうない》の言葉《ことば》に着目《ちゃくもく》して筆者《ひっしゃ》の言《い》いたいことを見《み》つけよう！

今回《こんかい》は説明文《せつめいぶん》について教《おし》えるけど最初《さいしょ》に質問《しつもん》！
説明文《せつめいぶん》における「読解力《どっかいりょく》」ってどんな力《ちから》だと思《おも》う？
え？「読解力《どっかいりょく》」って文章《ぶんしょう》を読《よ》み解《と》く力《ちから》じゃないの？
その通《とお》り！よくわかってるじゃないか
エッヘン
いつも先生《せんせい》に読解力《どっかいりょく》がないって言《い》われてるからそのくらいは知《し》ってるよ
パチ
パチ
くすっ
変《へん》な自慢《じまん》ね
じゃあさらに聞《き》くけど「文章《ぶんしょう》を読《よ》み解《と》く」ってどういうこと？
え？
それは…
えーと…
ちらっ

筆者《ひっしゃ》の言《い》いたいことがわかるようになることだと思《おも》いますけど…
そうだね。説明文《せつめいぶん》における「読解《どっかい》」って、「文章《ぶんしょう》を読《よ》んで筆者《ひっしゃ》の言《い》いたいことがわかる」ことなんだよ
うん
うん
なんだ。そんなの当《あ》たり前《まえ》じゃん
じゃあその当《あ》たり前《まえ》のことが、どうしてできないのかな?
だって…国語《こくご》の文章《ぶんしょう》って長《なが》いし難《むずか》しいじゃん
それに試験《しけん》だと短《みじか》い時間《じかん》で読《よ》まなきゃいけないし
チッ
チッ
文章《ぶんしょう》というのは筆者《ひっしゃ》の言《い》いたいことだけが書《か》かれているわけじゃなくて、言《い》いたいことを納得《なっとく》してもらうための説明《せつめい》が多《おお》いんだ
だから文章《ぶんしょう》が長《なが》くても筆者《ひっしゃ》の言《い》いたい部分《ぶぶん》を抜《ぬ》き出《だ》せばいいんだよ

それができれば苦労《くろう》しないよ
ブー
ニヤリ
フフフ そのコツがあるんだな
え？ それはどんなのですか？
実《じつ》は筆者《ひっしゃ》の言《い》いたいことは決《き》まったところにあるんだよ。その法則《ほうそく》さえわかれば誰《だれ》だって文章《ぶんしょう》を理解《りかい》することができるんだ
えっ ホント？
私《わたし》も知《し》りたいです
では教《おし》えてあげよう
ジャーン！ 筆者《ひっしゃ》の言《い》いたいことを見《み》つけるにはこの４つのポイントに注目《ちゅうもく》すればいいんだ！
バッ

❶逆接《ぎゃくせつ》ポイント
❷打消《うちけ》しポイント
❸まとめポイント
❹気持《きも》ちポイント
なんですか？逆接《ぎゃくせつ》ポイントとか打消《うちけ》しポイントというのは
どれも特定《とくてい》の「言葉《ことば》」を表《あらわ》しているんだよ
じゃあ、この4つのポイントになる言葉《ことば》を探《さが》せば筆者《ひっしゃ》の言《い》いたいことがわかるんですか？
その通《とお》りだよ
わっ
すごい！ぜひ教《おし》えてください
ぼくも！ぼくも！

よし、じゃあ順《じゅん》に説明《せつめい》しようか
各《かく》ポイントの説明《せつめい》にはスケモンも協力《きょうりょく》してくれるからお楽《たの》しみに
へ〜どんなのかな
わくわくしますね
さぁ、いよいよスタートだ！
読者《どくしゃ》のみんなもいいかな？

1時間目《じかんめ》

逆接《ぎゃくせつ》ポイントを押《お》さえるのは文章読解《ぶんしょうどっかい》の基本《きほん》。
これをマスターすれば、筆者《ひっしゃ》の言《い》いたいことが見《み》えてくる。

では1時間目《じかんめ》を始《はじ》めよう
逆接《ぎゃくせつ》ポイントを理解《りかい》するにはまず説明文《せつめいぶん》とは何《なに》かをわかってもらう必要《ひつよう》があるんだ
やだな〜。説明文《せつめいぶん》なんて難《むずか》しくて大嫌《だいきら》いだよ
げー
私《わたし》も「もっとわかりやすく書《か》いてほしいな」と思《おも》うときがあります
それは説明文《せつめいぶん》の基本《きほん》スタイルが頭《あたま》の中《なか》に入《はい》ってないからだよ
フフフ…
基本《きほん》スタイルですか？
そう、説明文《せつめいぶん》の基本《きほん》スタイル！
どんな説明文《せつめいぶん》もこの基本《きほん》スタイルに従《したが》って書《か》いてあるんだ。それを頭《あたま》に入《い》れておけば説明文《せつめいぶん》なんて簡単《かんたん》に読《よ》めてしまうんだよ
ほんとかなぁ

それなら、初《はじ》めからわかりやすく教《おし》えてあげよう
ジャーン！この2冊《さつ》の本《ほん》を見《み》てごらん
真面目《まじめ》に一生懸命《いっしょうけんめい》勉強《べんきょう》して難関中学《なんかんちゅうがく》に合格《ごうかく》しました！
その秘訣《ひけつ》を教《おし》えます
○×出版
勉強時間《べんきょうじかん》ほとんどゼロでも難関中学《なんかんちゅうがく》に合格《ごうかく》しました!
その秘訣《ひけつ》を教《おし》えます
○×出版
本屋《ほんや》さんに行《い》って、この2冊《さつ》の本《ほん》があったら、君《きみ》たちはどっちを買《か》う？
う〜ん…やっぱ『勉強時間《べんきょうじかん》ほとんどゼロ』の方《ほう》かな
私《わたし》も同《おな》じです

なんでかな？
だって、一生懸命勉強《いっしょうけんめいべんきょう》すれば難関中学《なんかんちゅうがく》に受《う》かるのは当《あ》たり前《まえ》じゃん。当《あ》たり前《まえ》の本《ほん》なんてお金《かね》を出《だ》して買《か》わないよ
その通《とお》り。今《いま》、君《きみ》はとっても大事《だいじ》なことを言《い》ったんだ。すごいぞ、すごい！
ブラボー!!
そ、そうかな？
えへへ
なぜ、そんなに大事《だいじ》なんですか？
説明文《せつめいぶん》というのは当《あ》たり前《まえ》じゃないことを書《か》いた文章《ぶんしょう》だからだよ
え、そうなんですか？
そう、説明文《せつめいぶん》の多《おお》くは本屋《ほんや》で売《う》られている本《ほん》の一部《いちぶ》なんだ。では、どんな本《ほん》が売《う》れるか、わかるかな？
いらない
ふつうの本
何だろう？
当たり前じゃない本
読んでみたい!
今《いま》、君《きみ》が言《い》ったように普通《ふつう》の人《ひと》が考《かんが》えるようなことなら誰《だれ》も買《か》わない。でも、当《あ》たり前《まえ》じゃないことなら、どんなことだろうと思《おも》って興味《きょうみ》を持《も》つだろ？
たしかにそうですね

だから、説明文《せつめいぶん》は普通《ふつう》の考《かんが》え(一般論《いっぱんろん》)とは違《ちが》うことが書《か》いてあるんだ
このようにね
世間《せけん》で普通《ふつう》だと思《おも》われているものの見方《みかた》や考《かんが》え方《かた》(一般論《いっぱんろん》)
「だが」「しかし」「ところが」といった逆接《ぎゃくせつ》の接続詞《せつぞくし》
筆者《ひっしゃ》の言《い》いたいこと(筆者《ひっしゃ》の主張《しゅちょう》)
ねぇ逆接《ぎゃくせつ》って何《なに》?
前文《ぜんぶん》から予想《よそう》される結果《けっか》とは逆《ぎゃく》の結果《けっか》を後文《こうぶん》で述《の》べることだよ
たとえば『お昼《ひる》になった。だが、ぼくはお腹《なか》がすいていない』『ラーメンを食《た》べに有名《ゆうめい》なお店《みせ》に行《い》った。しかし、売《う》り切《き》れだった』とかね
ラーメン
売り切れ
「だが」「しかし」「ところが」と覚《おぼ》えておけばいいよ
なるほどね。でも、変《へん》な例《れい》

その「でも」が逆接《ぎゃくせつ》なんだよ
あ、そうか…
私《わたし》たちは普段何気《ふだんなにげ》なく逆接《ぎゃくせつ》を使《つか》っているけどこの逆接《ぎゃくせつ》の後《あと》に言《い》いたいことを述《の》べる場合《ばあい》が多《おお》いんだ。これが逆接《ぎゃくせつ》ポイントだよ
今《いま》、君《きみ》が言《い》いたかったのも逆接《ぎゃくせつ》の後《あと》の『変《へん》な例《れい》』という部分《ぶぶん》だろ？
うん…
つまり逆接《ぎゃくせつ》に注意《ちゅうい》すれば筆者《ひっしゃ》の言《い》いたいことが見《み》えてくるということですね
そういうこと
じゃあ、さっそく練習《れんしゅう》してみようか
え〜いきなり？スケモンは出《で》てこないの？
お楽《たの》しみは後《あと》でね

この文章《ぶんしょう》を読《よ》んでごらん
ゲームばかりしていると勉強《べんきょう》がおろそかになるといわれています。しかし、ゲームを通《とお》して友《とも》だちができるという いい面《めん》もあります。
この文章《ぶんしょう》から逆接《ぎゃくせつ》に注意《ちゅうい》して筆者《ひっしゃ》の言《い》いたいことを抜《ぬ》き出《だ》してごらん
う～ん…。逆接《ぎゃくせつ》は「だが」「しかし」「ところが」だから…
あっ ここか

ゲームばかりしていると勉強《べんきょう》がおろそかになるといわれています。しかし（逆接《ぎゃくせつ》ポイント）、ゲームを通《とお》して友《とも》だちができるといういい面《めん》もあります（筆者《ひっしゃ》の言《い》いたい部分《ぶぶん》）。
その通《とお》り
前半部分《ぜんはんぶぶん》の『ゲームばかりしていると勉強《べんきょう》がおろそかになるといわれています』というのは一般論《いっぱんろん》。それを逆接《ぎゃくせつ》で否定《ひてい》して『ゲームを通《とお》して友《とも》だちができるといういい面《めん》もあります』という筆者《ひっしゃ》の主張《しゅちょう》につなげてるだろ
これが説明文《せつめいぶん》の典型《てんけい》なんだ
ふぅ

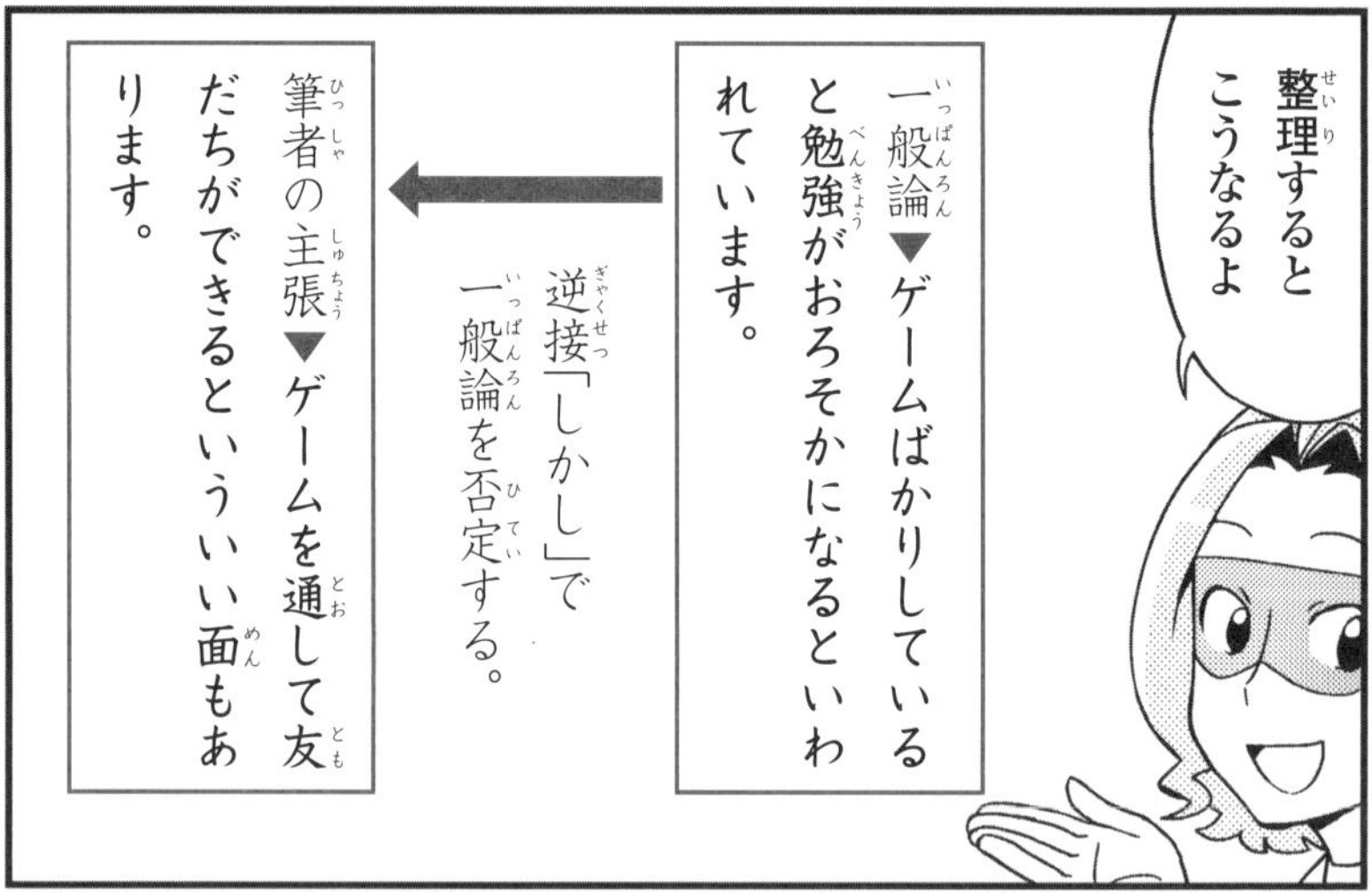
整理《せいり》するとこうなるよ
一般論《いっぱんろん》▼ゲームばかりしていると勉強《べんきょう》がおろそかになるといわれています。
逆接《ぎゃくせつ》「しかし」で一般論《いっぱんろん》を否定《ひてい》する。
筆者《ひっしゃ》の主張《しゅちょう》▼ゲームを通《とお》して友《とも》だちができるといういい面《めん》もあります。

ほっ
意外《いがい》と簡単《かんたん》なんですね
じゃあ次《つぎ》はどうかな？
嘘《うそ》つきは泥棒《どろぼう》の始《はじ》まりという言葉《ことば》があるように、嘘《うそ》をついてはいけないと誰《だれ》もが教《おそ》わってきたと思《おも》います。でも、すべての嘘《うそ》が悪《わる》いというわけではありません。嘘《うそ》をつくことで相手《あいて》を幸福《こうふく》にする場合《ばあい》だってあるのです。
え〜と…「でも」が逆接《ぎゃくせつ》だから…こういうことでしょ！

嘘《うそ》つきは泥棒《どろぼう》の始《はじ》まりという言葉《ことば》があるように、嘘《うそ》をついてはいけないと誰《だれ》もが教《おそ》わってきたと思《おも》います。でも（逆接《ぎゃくせつ》ポイント）、すべての嘘《うそ》が悪《わる》いというわけではありません。嘘《うそ》をつくことで相手《あいて》を幸福《こうふく》にする場合《ばあい》だってあるのです（筆者《ひっしゃ》の言《い》いたい部分《ぶぶん》）。
『嘘《うそ》をついてはいけない』という一般論《いっぱんろん》を否定《ひてい》して、『相手《あいて》を幸福《こうふく》にするいい嘘《うそ》だってある』と言《い》ってるんですね
その通《とお》りだね。これはどうだろう
友達《ともだち》といっしょにポケモンGO《ゴー》をしていたら、友達《ともだち》はニャースをゲットしました。でも、ぼくはピカチュウをゲットしたのです。
「でも」が逆接《ぎゃくせつ》だから『ぼくはピカチュウをゲットしたのです』と言《い》いたいんですね
そう。こうなるわけだね
友達《ともだち》といっしょにポケモンGO《ゴー》をしていたら、友達《ともだち》はニャースをゲットしました。でも（逆接《ぎゃくせつ》ポイント）、ぼくはピカチュウをゲットしたのです（筆者《ひっしゃ》の言《い》いたい部分《ぶぶん》）。
こんなのぼくだってわかるよ
へへん

でもこの文章《ぶんしょう》の前半《ぜんはん》に書《か》いてある『友達《ともだち》はニャースをゲットした』というのは一般論《いっぱんろん》というわけではないよね
はっ
たしかに！友達《ともだち》と自分《じぶん》を比《くら》べているだけですね
そうなんだ！自分《じぶん》の言《い》いたいことを他《ほか》のものと比《くら》べて、よりわかりやすくする時《とき》にも逆接《ぎゃくせつ》を使《つか》うんだよ
ほらこんな感《かん》じに
❶友達《ともだち》はニャースをゲットした。
逆接《ぎゃくせつ》「でも」を使《つか》って友達《ともだち》と比《くら》べる。
❷ぼくはピカチュウをゲットした。
(逆接《ぎゃくせつ》を使《つか》うことで、ぼくの状況《じょうきょう》や気持《きも》ちがわかりやすくなる)
なるほど
ポン
いろいろあるけど要《よう》は逆接《ぎゃくせつ》を探《さが》せばいいんでしょ？
その通《とお》りだよ
なら簡単《かんたん》じゃん
そうかな？じゃ、この文章《ぶんしょう》はどうだろう
ペラッ

「妖怪《ようかい》ウォッチ」が爆発的《ばくはつてき》なヒットになったのは、マンガやゲーム、テレビ放映《ほうえい》などのメディアミックスによる宣伝効果《せんでんこうか》が大《おお》きいといわれているが、実《じつ》は等身大《とうしんだい》のキャラクターや身近《みぢか》な世《せ》界観《かいかん》にあることはあまり知《し》られていない。
逆接《ぎゃくせつ》を探《さが》せばいいんだから…。…あれ？
「だが」とか「しかし」とかがない！
あわわ
本当《ほんとう》だ。どうすればいいんですか？
そんな時《とき》に役《やく》に立《た》つのが助《すけ》っ人《と》モンスターの〃ギャクッチ〃だよ
いよいよスケモンの登場《とうじょう》だね！ギャクッチってどんなの？
逆接《ぎゃくせつ》ポイントをチェックして筆者《ひっしゃ》の言《い》いたいことを見《み》つけてくれるスケモンだよ
でも本人《ほんにん》はギャグッチだと勘違《かんちが》いして、つまらないギャグばかり言《い》ってるんだけどね
へぇ―…

じゃあ
ギャクッチを
呼《よ》んでみようか！
ポチッ
出《い》でよ！
ギャクッチ!!
ボヨヨ〜ン!!
運送屋《うんそうや》さんが
うなずいた
うん、そうや

てへへ
お呼《よ》びでげすか
フリフリ
な、なんだ。こいつ
かわいいというより…う〜ん…
ギロリ
うわっ！にらまれちゃった…
で、こいつをどう使《つか》うの？
見《み》てごらん
ドキドキ
ギャクッチ！出動《しゅつどう》!!
へい、合点《がってん》でげす！
ドドッ

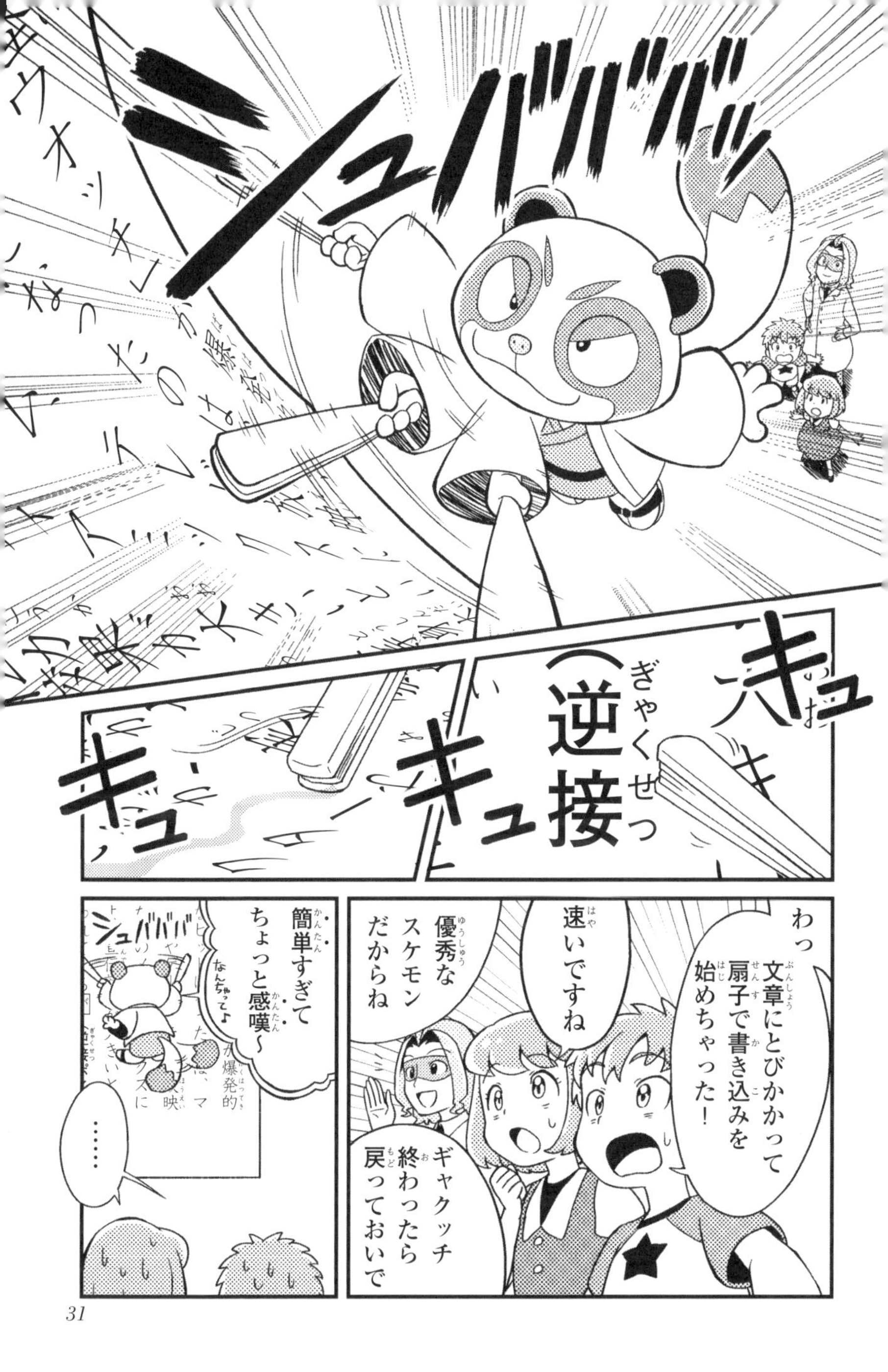

シュババババ
キュキュ
キュキュ
逆接《ぎゃくせつ》
わっ 文章《ぶんしょう》にとびかかって 扇子《せんす》で書《か》き込《こ》みを 始《はじ》めちゃった!
速《はや》いですね
優秀《ゆうしゅう》な スケモン だからね
ギャクッチ 終《お》わったら 戻《もど》っておいで
簡単《かんたん》すぎて ちょっと感嘆《かんたん》~
なんちゃって♪
……

さて、これでどうかな
「妖怪《ようかい》ウォッチ」が爆発的《ばくはつてき》なヒットになったのは、マンガやゲーム、テレビ放映《ほうえい》などのメディアミックスによる宣伝効果《せんでんこうか》が大《おお》きいといわれているが（逆接《ぎゃくせつ》ポイント）、実《じつ》は等身大《とうしんだい》のキャラクターや身近《みぢか》な世界観《せかいかん》にあることはあまり知《し》られていない（筆者《ひっしゃ》の言《い》いたい部分《ぶぶん》）。
逆接《ぎゃくせつ》の接続詞《せつぞくし》はなくても文章《ぶんしょう》の後《あと》に「〜が」とか「〜けれど」があれば、同《おな》じように逆接《ぎゃくせつ》ポイントになるんだよ。例《たと》えば『お昼《ひる》になったが、お腹《なか》は減《へ》ってない』とかね
逆接《ぎゃくせつ》ポイントの前《まえ》が一般論《いっぱんろん》でその後《あと》が筆者《ひっしゃ》の主張《しゅちょう》になっているから、『「妖怪《ようかい》ウォッチ」のヒットは等身大《とうしんだい》のキャラクターや身近《みぢか》な世界観《せかいかん》にある』と言《い》ってるんですね
うんうん
その通《とお》り
ギャクッチすご〜い！
わっ
へへへ…

さて、ここまでマスターしたらもっと長《なが》い文章《ぶんしょう》に挑戦《ちょうせん》してみよう
次《つぎ》の文章《ぶんしょう》は中学入試《ちゅうがくにゅうし》レベルのものだ。なにが言《い》いたいのかわかるかな？
うわっ長《なが》っ!!

ギョウザの本場《ほんば》中国《ちゅうごく》では水《すい》ギョウザが主《おも》に食《た》べられているが、日本《にほん》では焼《や》きギョウザが一般的《いっぱんてき》である。このような違《ちが》いが生《しょう》じたのには、日本《にほん》の歴《れき》史《し》や文化《ぶんか》が深《ふか》くかかわっている。

日本《にほん》にギョウザが伝《つた》わったのは戦争《せんそう》が終《お》わってからのことだ。それまで日本《にほん》にギョウザはなかったが、七十年《ねん》ほど前《まえ》に戦争《せんそう》に負《ま》けたために、中国《ちゅうごく》にいた日本人《にほんじん》が帰国《きこく》し、その際《さい》にギョウザを持《も》ち帰《かえ》った。それが焼《や》きギョウザの始《はじ》まりだ。

中国《ちゅうごく》では古《ふる》くから「水《すい》ギョウザは貴族《きぞく》の食《た》べ物《もの》、焼《や》きギョウザは使用《しよう》人《にん》の食《た》べ物《もの》」という考《かんが》え方《かた》がある。そのため、一般《いっぱん》の家庭《かてい》では水《すい》ギョウザが基本《きほん》で、焼《や》きギョウザを作《つく》ることは少《すく》ない。たまに趣向《しゅこう》を変《か》えて食《た》べるくらいだ。

しかし、そのような考《かんが》えのない日本《にほん》では、ご飯《はん》にあうおかずとして焼《や》きギョウザが好《この》まれるようになった。中国人《ちゅうごくじん》は焼《や》きギョウザばかり食《た》べる日《に》本人《ほんじん》を奇妙《きみょう》に思《おも》っているようだが、食《た》べ方《かた》として間違《まちが》っているのではない。単《たん》に文化《ぶんか》が違《ちが》うだけだ。

日本《にほん》では縄文時代《じょうもんじだい》から稲作《いなさく》が続《つづ》けられ、それ以来《いらい》ずっと米《こめ》を食《た》べつづけてきた。だから、日本人《にほんじん》はご飯《はん》から離《はな》れることができない。ギョウザが入《はい》ってきても、ご飯《はん》のおかずになってしまうのだ。中国人《ちゅうごくじん》から見《み》ると奇妙《きみょう》かもしれないが、稲作文化《いなさくぶんか》がもとにあると考《かんが》えると納得《なっとく》できるだろう。

なに書《か》いてるのか
わかんないよ～
こんなに長《なが》いと
読《よ》むのが嫌《いや》に
なりますよね
げっそり…
わーん!!
ばっ
そんな時《とき》こそ
ギャクッチの出番《でばん》だよ。
行《い》け！ ギャクッチ！
へい
合点《がってん》でげす！
うわ～
速《はや》っ！
シュバババ
あっという間《ま》に
文章《ぶんしょう》にとびついて
逆接《ぎゃくせつ》ポイント
を見《み》つけちゃったよ
これで重要《じゅうよう》な
部分《ぶぶん》がわかりやすく
なったかな
スタッ
ギャクッチ
お疲《つか》れさま
どんなもんだい
こんな問題《もんだい》
なんちゃって
……
ま、まぁいいから
文章《ぶんしょう》を見《み》てごらん

ギョウザの本場《ほんば》中国《ちゅうごく》では水《すい》ギョウザが主《おも》に食《た》べられているが、日本《にほん》では焼《や》きギョウザが一般的《いっぱんてき》である。このような違《ちが》いが生《しょう》じたのには、日本《にほん》の歴《れき》史《し》や文化《ぶんか》が深《ふか》くかかわっている。

日本《にほん》にギョウザが伝《つた》わったのは戦争《せんそう》が終《お》わってからのことだ。それまで日本《にほん》にギョウザはなかったが、七十年《ねん》ほど前《まえ》に戦争《せんそう》に負《ま》けたために、中国《ちゅうごく》にいた日本人《にほんじん》が帰国《きこく》し、その際《さい》にギョウザを持《も》ち帰《かえ》った。それが焼《や》きギョウザの始《はじ》まりだ。

中国《ちゅうごく》では古《ふる》くから「水《すい》ギョウザは貴族《きぞく》の食《た》べ物《もの》、焼《や》きギョウザは使用人《しようにん》の食《た》べ物《もの》」という考《かんが》え方《かた》がある。そのため、一般《いっぱん》の家庭《かてい》では水《すい》ギョウザが基本《きほん》で、焼《や》きギョウザを作《つく》ることは少《すく》ない。たまに趣向《しゅこう》を変《か》えて食《た》べるくらいだ。

しかし、そのような考《かんが》えのない日本《にほん》では、ご飯《はん》にあうおかずとして焼《や》きギョウザが好《この》まれるようになった。中国人《ちゅうごくじん》は焼《や》きギョウザばかり食《た》べる日《に》本人《ほんじん》を奇妙《きみょう》に思《おも》っているようだが、食《た》べ方《かた》として間違《まちが》っているのではない。単《たん》に文化《ぶんか》が違《ちが》うだけだ。

日本《にほん》では縄文時代《じょうもんじだい》から稲作《いなさく》が続《つづ》けられ、それ以来《いらい》ずっと米《こめ》を食《た》べつづけてきた。だから、日本人《にほんじん》はご飯《はん》から離《はな》れることができない。ギョウザが入《はい》ってきても、ご飯《はん》のおかずになってしまうのだ。中国人《ちゅうごくじん》から見《み》ると奇妙《きみょう》かもしれないが、稲《いな》作文化《さくぶんか》がもとにあると考《かんが》えると納得《なっとく》できるだろう。

これを少《すこ》し言葉《ことば》をおぎなって抜《ぬ》き出《だ》すと、こうなる

❶日本《にほん》では焼《や》きギョウザが一般的《いっぱんてき》である。**（中国《ちゅうごく》と比《くら》べている）**

❷七十年《ねん》ほど前《まえ》に戦争《せんそう》に負《ま》けたために、中国《ちゅうごく》にいた日本人《にほんじん》が帰国《きこく》し、その際《さい》にギョウザを持《も》ち帰《かえ》った。それが焼《や》きギョウザの始《はじ》まりだ。**（戦争前《せんそうまえ》と比《くら》べている）**

❸そのような考《かんが》え（水《すい》ギョウザは貴族《きぞく》の食《た》べ物《もの》、焼《や》きギョウザは使用人《しようにん》の食《た》べ物《もの》）のない日本《にほん》では、ご飯《はん》にあうおかずとして焼《や》きギョウザが好《この》まれるようになった。**（中国《ちゅうごく》と比《くら》べている）**

❹食《た》べ方《かた》として間違《まちが》っているのではない。単《たん》に文化《ぶんか》が違《ちが》うだけだ。**（中国人《ちゅうごくじん》の一般的《いっぱんてき》な考《かんが》えを否定《ひてい》している）**

❺稲作文化《いなさくぶんか》がもとにあると考《かんが》えると納得《なっとく》できるだろう。**（中国人《ちゅうごくじん》の一般的《いっぱんてき》な考《かんが》えを否定《ひてい》している）**

ほら 言《い》いたいことが 見《み》えてきただろ
細《こま》かいことはさておき 最初《さいしょ》に書《か》いてある 『日本《にほん》では焼《や》きギョウザが 一般的《いっぱんてき》である』 ことの理由《りゆう》として、 『戦争《せんそう》で負《ま》けて中国《ちゅうごく》から 持《も》ち帰《かえ》った』『ご飯《はん》にあう おかずとなったのは、稲作文化《いなさくぶんか》 がもとにある』と 歴史《れきし》と文化《ぶんか》の面《めん》から ポイントが押《お》さえられて るんだ
すご〜い! 逆接《ぎゃくせつ》を抜《ぬ》き出《だ》すだけで 全体《ぜんたい》の内容《ないよう》が見《み》えて くるんですね!
そうなんだ
さっきも言《い》ったように 筆者《ひっしゃ》は逆接《ぎゃくせつ》を使《つか》って 一般論《いっぱんろん》を否定《ひてい》したり、 他《ほか》と比較《ひかく》したりして自分《じぶん》の 考《かんが》えを述《の》べるんだよ
もちろん、すべての 文章《ぶんしょう》においてそうなる わけではないけど、 逆接《ぎゃくせつ》の後《あと》が大事《だいじ》という のはわかってくれただろ?
はーい!
よくわかり ました

じゃあ、ここまでマスターしたのでギャクッチを2人《ふたり》にあげよう
え？
どうするの？まさかなんとかボールとかに入《い》れるんじゃないよね…？
違《ちが》うって…君《きみ》たちの頭《あたま》の中《なか》に入《はい》るんだよ。まぁ見《み》ててごらん
ギャクッチ！同化《どうか》!!
キラキラ
へい！合点《がってん》でげす!!
ぱっ
しゅぽんっ!!
わっギャクッチが頭《あたま》の中《なか》に入《はい》ってきた!!
同化《どうか》しちゃったよ。(どうかしちゃったの？)なんて声《こえ》が聞《き》こえるんですけど…
(隣《となり》の囲《かこ》いはかっこいい)ってなんだよそれ

まぁ、ギャクッチがいるんだから我慢《がまん》しようね
で、これで2人《ふたり》は助《すけ》っ人《と》モンスターを1匹《ぴき》ゲットしたってわけ
7
7匹《ひき》ゲットできたら長文読解《ちょうぶんどっかい》マスターになれるからお楽《たの》しみに

じゃあこれまでのおさらい！
筆者《ひっしゃ》は逆接《ぎゃくせつ》を使《つか》って一般論《いっぱんろん》を否定《ひてい》したり、他《ほか》と比較《ひかく》することで自分《じぶん》の意見《いけん》を述《の》べている。そのため、逆接表現《ぎゃくせつひょうげん》（逆接《ぎゃくせつ》ポイント）があったら、その次《つぎ》には「筆者《ひっしゃ》の言《い》いたい部分《ぶぶん》」がある場合《ばあい》が多《おお》い。

2 時《じ》間《かん》目《め》

打消《うちけ》しポイントを押《お》さえることも文章読解《ぶんしょうどっかい》の基本《きほん》。逆接《ぎゃくせつ》ポイントと合《あ》わせると、文章《ぶんしょう》の理解《りかい》が一気《いっき》にすすむ。

さて、逆接《ぎゃくせつ》ポイントの大切《たいせつ》さがわかったら、次《つぎ》は打消《うちけ》しの後《あと》にも大事《だいじ》な部分《ぶぶん》があることを教《おし》えてあげよう
打消《うちけ》しってなに？
？？？
「ない」という言葉《ことば》だよ
「勉強《べんきょう》しない」「遊《あそ》ばない」「食《た》べない」とか言《い》うだろ？
それならわかります。「勉強《べんきょう》しない」は「勉強《べんきょう》する」の反対《はんたい》だから打消《うちけ》しなんでしょ？
その通《とお》り。「そうではない」ことを表《あらわ》す用法《ようほう》だよね
どうしてそれが大切《たいせつ》なんですか？

これを読《よ》んでごらん
おれたちをなんだと思《おも》っているんだ。おれたちは妖怪《ようかい》ではない。鬼《おに》でもない。人間《にんげん》なんだ。
あ、これって妖怪人間《ようかいにんげん》のこと？
そんなことはいいから、この中《なか》でもっとも言《い》いたいことはどこだと思《おも》う？
う〜ん、どこだろう…。『妖怪《ようかい》ではない』かな。『鬼《おに》でもない』かな…
妖怪人間《ようかいにんげん》の気持《きも》ちになってごらん
人間《にんげん》として認《みと》めてもらえない妖怪人間《ようかいにんげん》がこう叫《さけ》ぶんだよ
おれたちは妖怪《ようかい》じゃない鬼《おに》でもない
人間《にんげん》なんだぁぁぁ〜！
人間《にんげん》なんだあああ〜！
にんげんなんだあああ〜！
って…
うッ

ごほっ ごほっ
せ、先生《せんせい》大丈夫《だいじょうぶ》ですか？
ちょっと力《ちから》を入《い》れすぎちゃったみたいだな
で、どこが大事《だいじ》なのかわかったかな？
コホン
わかるよ。そこまで力《ちから》を入《い》れたら
『人間《にんげん》なんだ』というところでしょ？
その通《とお》り！さて、これで打消《うちけ》しの後《あと》が大切《たいせつ》なのがわかったかな
これを打消《うちけ》しポイントっていうから覚《おぼ》えておいてね
解説《かいせつ》するとこうなる
おれたちをなんだと思《おも》っているんだ。おれたちは妖怪《ようかい》ではない（打消《うちけ》しポイント）。鬼《おに》でもない（打消《うちけ》しポイント）。人間《にんげん》なんだ（筆者《ひっしゃ》の言《い》いたい部分《ぶぶん》）。

なるほど。「ない」の後《あと》を見《み》ればいいんだね
そういうこと
『妖怪《ようかい》ではない』『鬼《おに》でもない』と打消《うちけ》し表現《ひょうげん》を入《い》れることで『人間《にんげん》なんだ』ということをわかりやすく強調《きょうちょう》してるんだね

じゃあ これはどうかな
ぼくにも得意《とくい》な教科《きょうか》はあるよ。それは何《なん》だと思《おも》う？ 算数《さんすう》でもない、国語《こくご》でもない。体育《たいいく》なんだ。
簡単《かんたん》だよ。「ない」の後《あと》だから『体育《たいいく》なんだ』って言《い》いたいんだよ

その通《とお》り。
こういうことだね
ぼくにも得意《とくい》な教科《きょうか》はあるよ。それは何《なん》だと思《おも》う？ 算数《さんすう》でもない（打《うち》消《け》しポイント）、国語《こくご》でもない（打《うち》消《け》しポイント）。体育《たいいく》なんだ（筆者《ひっしゃ》の言《い》いたい部分《ぶぶん》）。
要《よう》は「ない」があったらその後《あと》に言《い》いたいことがくるということですね
超簡単《ちょうかんたん》〜！
フフ
そうかな？
じゃあ、これはどうだろう
みなさんが住《す》んでいる地域《ちいき》で、外国《がいこく》の人々《ひとびと》を見《み》かけることは、まれではなくなってきたでしょう。多様《たよう》な文化《ぶんか》や考《かんが》え方《かた》を持《も》つ人々《ひとびと》が、同《おな》じ地域《ちいき》でともに生活《せいかつ》する時代《じだい》がやってきました。みなさんは、同《おな》じ文化《ぶんか》で育《そだ》った人《ひと》たちだけではなく、異《こと》なる文化《ぶんか》を持《も》つ人《ひと》たちとも対話《たいわ》できる力《ちから》が必要《ひつよう》になってきたのです。
あれ？
「ない」がない！
ここに打消《うちけ》しポイントがあるんですか？

そうだよ。
打消《うちけ》しポイントといっても
「ない」だけじゃないからね
こういう時《とき》こそ
スケモンが必要《ひつよう》に
なるんだ
やった！
また出《で》て
くるんだね
わく
わく
どんなのか
楽《たの》しみです！
打消《うちけ》しポイントを
見《み》つけてくれるスケモンは
ウチケーシーというんだよ
ポチッ
出《い》でよ！
ウチケーシー!!
ポンッ
ない
ない
ない
ない
な〜んもない

わっ
なんだこいつ
とても
かわいいとは…
ジロッ
……
さぁ
打消《うちけ》しポイントを
見《み》つけてもらおうか。
頼《たの》むよ
ウチケーシー
こくり
ないない
ないない
スチャッ
な〜んもない
育った人たちだけでなく、
文化を持つ人たちとも対話でき
が必要になってきたのです。
ばっ

ピトッ
フム
フム
いつもああやって打消《うちけ》しポイントを見《み》つけるんだよ。本人《ほんにん》は文章《ぶんしょう》を診察《しんさつ》してるつもりらしい
変《へん》なの
くすっ
線《せん》を引《ひ》いたり、赤《あか》で書《か》き込《こ》みをしたりしてる
さら
さら
シュタッ
終《お》わったみたいだよ。ほら見《み》てごらん

みなさんが住《す》んでいる地域《ちいき》で、外国《がいこく》の人々《ひとびと》を見《み》かけることは、まれではなくなってきたでしょう。多様《たよう》な文化《ぶんか》や考《かんが》え方《かた》を持《も》つ人々《ひとびと》が、同《おな》じ地域《ちいき》でともに生活《せいかつ》する時代《じだい》がやってきました。みなさんは、同《おな》じ文化《ぶんか》で育《そだ》った人《ひと》たちだけではなく（打消《うちけ》しポイント）、異《こと》なる文化《ぶんか》を持《も》つ人《ひと》たちとも対話《たいわ》できる力《ちから》が必要《ひつよう》になってきたのです（筆者《ひっしゃ》の言《い》いたい部分《ぶぶん》）。
「なく」というのは「ない」と同《おな》じ打消《うちけ》しだから、ここが打消《うちけ》しポイントになる。つまり筆者《ひっしゃ》は『異《こと》なる文化《ぶんか》を持《も》つ人《ひと》たちとも対話《たいわ》できる力《ちから》が必要《ひつよう》になってきた』と言《い》いたいんだよ
なるほどな～
「ない」だけではなく「なく」という表現《ひょうげん》にも注意《ちゅうい》すればいいんですね
そういうこと

ウチケーシーすご〜い！
ぴくっ
ヒョコ
な〜んもない
ないない
ないない
ヒョコ
ヒョコ
あらら踊《おど》りだしちゃったよ
ヒョコ
ヒョコ
ウチケーシーは嬉《うれ》しくなると〝ないないない踊《おど》り〟を踊《おど》り始《はじ》めるんだよ
とことん変《へん》な奴《やつ》だね
ともかく打消《うちけ》しポイントの見《み》つけ方《かた》がわかったかな
はい。これは簡単《かんたん》ですね
要《よう》は「ない」とか「なく」を探《さが》せばいいんだね

それじゃ
これは
どうかな？
死《し》とはどういうことでしょうか。死《し》んでしまえば自分《じぶん》は存在《そんざい》しませんから、その人《ひと》の問題《もんだい》ではありません。嘆《なげ》き悲《かな》しむのは残《のこ》された人《ひと》たちですから、周囲《しゅうい》の人々《ひとびと》の問題《もんだい》だといえるのです。
あれ？
「ない」とか「なく」が
ない
えーっと…
ウチケーシー
頼《たの》むよ
しゃあないな～
スチャッ
ぴとっ
さらさらっ

死《し》とはどういうことでしょうか。死《し》んでしまえば自分《じぶん》は存在《そんざい》しませんから、その人《ひと》の問題《もんだい》ではありません（打消《うちけ》しポイント）。嘆《なげ》き悲《かな》しむのは残《のこ》された人《ひと》たちですから、周囲《しゅうい》の人々《ひとびと》の問題《もんだい》だといえるのです（筆者《ひっしゃ》の言《い》いたい部分《ぶぶん》）。
そうか！「ありません」というのは「ない」と同《おな》じですよね
そういうこと。その文章《ぶんしょう》が「です」「ます」で書《か》かれている場合《ばあい》には、打消《うちけ》し表現《ひょうげん》も丁寧語《ていねいご》になるから注意《ちゅうい》した方《ほう》がいいよ
なるほど
じゃあ大体《だいたい》わかったところでもう少《すこ》し難《むずか》しい文章《ぶんしょう》に挑戦《ちょうせん》してみようか
次《つぎ》から打消《うちけ》しポイントを抜《ぬ》き出《だ》して、筆者《ひっしゃ》の言《い》いたいことを述《の》べてごらん

現代《げんだい》の子供《こども》たちは本《ほん》を読《よ》まなくなり、読解力《どっかいりょく》が低下《ていか》しているといわれます。家庭《かてい》でも、お父《とう》さんやお母《かあ》さんが子供《こども》に本《ほん》を読《よ》んであげなくなったという声《こえ》も聞《き》こえます。テレビやゲーム、あるいはマンガの影響《えいきょう》だというのが、多《おお》くの人《ひと》の見方《みかた》でしょう。

実際《じっさい》に小学生《しょうがくせい》や中学生《ちゅうがくせい》にアンケート調査《ちょうさ》をしてみると、読書量《どくしょりょう》は減《へ》っているのではなく、増《ふ》えているのがわかります。とくに2000年代《ねんだい》に入《はい》ってから増《ふ》えているようです。

かつての学校《がっこう》では、子供《こども》たちが読書《どくしょ》をしないという心配《しんぱい》がなかったために、とくに読書指導《どくしょしどう》をすることはありませんでした。それは地域《ちいき》や家庭《かてい》においても同《おな》じでした。2000年以降《ねんいこう》、子供《こども》たちの読書離《どくしょばな》れが問題《もんだい》にされるようになってからは、学校《がっこう》だけではなく、地域《ちいき》の図書館《としょかん》や公民館《こうみんかん》などでさかんに読書指導《どくしょしどう》が行《おこな》われるようになりました。その結果《けっか》、子供《こども》たちの読書量《どくしょりょう》は以前《いぜん》に比《くら》べて増《ふ》えてきたのです。

現代《げんだい》の問題《もんだい》を考《かんが》える時《とき》には、憶測《おくそく》だけで判断《はんだん》してはいけません。データをとってみると、子供《こども》たちの読書量《どくしょりょう》は減《へ》っているのではありません。逆《ぎゃく》に増《ふ》えているのです。

聴診器《ちょうしんき》で文章《ぶんしょう》を
みてますね
フム
フム
スタッ
速《はや》っ！
もうチェック
しちゃったよ

現代《げんだい》の子供《こども》たちは本《ほん》を読《よ》まなくなり、読解力《どっかいりょく》が低下《ていか》しているといわれます。家庭《かてい》でも、お父《とう》さんやお母《かあ》さんが子供《こども》に本《ほん》を読《よ》んであげなくなったという声《こえ》も聞《き》こえます。テレビやゲーム、あるいはマンガの影響《えいきょう》だというのが、多《おお》くの人《ひと》の見方《みかた》でしょう。

実際《じっさい》に小学生《しょうがくせい》や中学生《ちゅうがくせい》にアンケート調査《ちょうさ》をしてみると、読書量《どくしょりょう》は減《へ》っているのではなく**（打消《うちけ》しポイント）**、増《ふ》えているのがわかります**（筆者《ひっしゃ》の言《い》いたい部分《ぶぶん》）**。とくに２０００年代《ねんだい》に入《はい》ってから増《ふ》えているようです。

かつての学校《がっこう》では、子供《こども》たちが読書《どくしょ》をしないという心配《しんぱい》がなかったために、とくに読書指導《どくしょしどう》をすることはありませんでした。それは地域《ちいき》や家庭《かてい》においても同《おな》じでした。２０００年以降《ねんいこう》、子供《こども》たちの読書離《どくしょばな》れが問題《もんだい》にされるようになってからは、学校《がっこう》だけではなく**（打消《うちけ》しポイント）**、地域《ちいき》の図書館《としょかん》や公民館《こうみんかん》などでさかんに読書指導《どくしょしどう》が行《おこな》われるようになりました**（筆者《ひっしゃ》の言《い》いたい部分《ぶぶん》）**。その結果《けっか》、子供《こども》たちの読書量《どくしょりょう》は以前《いぜん》に比《くら》べて増《ふ》えてきたのです。

現代《げんだい》の問題《もんだい》を考《かんが》える時《とき》には、憶測《おくそく》だけで判断《はんだん》してはいけません。データをとってみると、子供《こども》たちの読書量《どくしょりょう》は減《へ》っているのではありません**（打消《うちけ》しポイント）**。逆《ぎゃく》に増《ふ》えているのです**（筆者《ひっしゃ》の言《い》いたい部分《ぶぶん》）**。

ウチケーシーが抜《ぬ》き出《だ》した部分《ぶぶん》を並《なら》べてみよう

❶ (アンケート調査《ちょうさ》をすると) 小中《しょうちゅう》学生《がくせい》の読書量《どくしょりょう》は増《ふ》えている。

❷ (学校《がっこう》だけではなく) 地域《ちいき》の図書《としょ》館《かん》や公民館《こうみんかん》などでも読書指導《どくしょしどう》が行《おこな》われるようになった。

❸ (子供《こども》の読書量《どくしょりょう》は) 逆《ぎゃく》に増《ふ》えている。

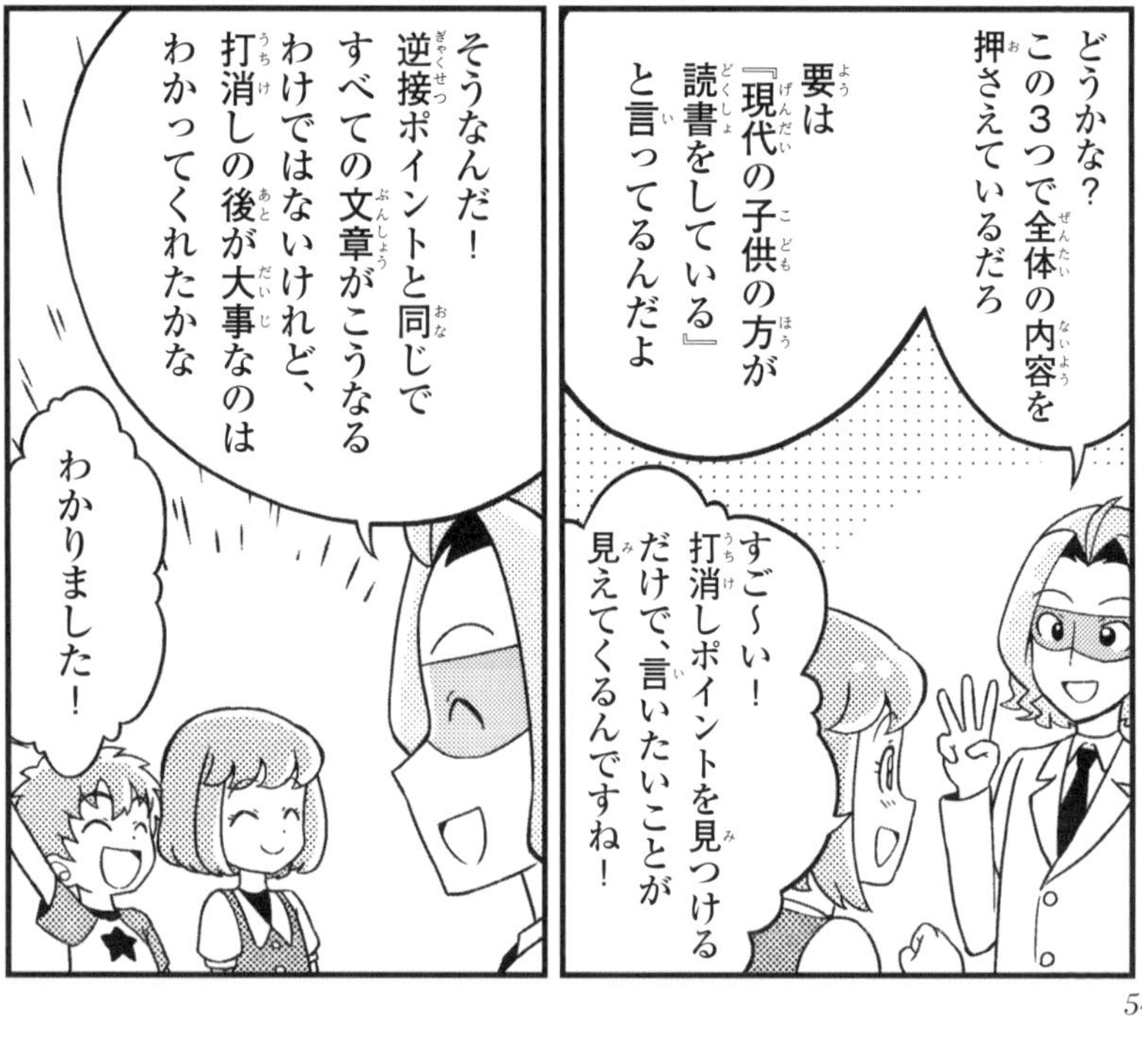
どうかな? この3つで全体《ぜんたい》の内容《ないよう》を押《お》さえているだろ
要《よう》は『現代《げんだい》の子供《こども》の方《ほう》が読書《どくしょ》をしている』と言《い》ってるんだよ
すご〜い! 打消《うちけ》しポイントを見《み》つけるだけで、言《い》いたいことが見《み》えてくるんですね!
そうなんだ! 逆接《ぎゃくせつ》ポイントと同《おな》じですべての文章《ぶんしょう》がこうなるわけではないけれど、打消《うちけ》しの後《あと》が大事《だいじ》なのはわかってくれたかな
わかりました!

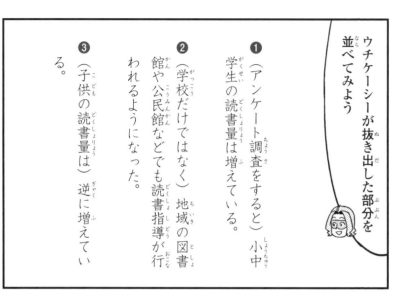

あ、でも質問《しつもん》があります
なにかな？
打消《うちけ》し表現《ひょうげん》ならこの文章内《ぶんしょうない》にまだたくさんあるんですけど、それはチェックしなくていいんですか？
例《たと》えば『子供《こども》たちは本《ほん》を読《よ》まなくなり』とか、『子供《こども》に本《ほん》を読《よ》んであげなくなった』という声《こえ》も聞《き》こえますとかいう部分《ぶぶん》ですけど…
いい質問《しつもん》だね
打消《うちけ》しポイントはあくまで文末《ぶんまつ》や句読点《くとうてん》に続《つづ》くところにあるので、その部分《ぶぶん》を打《う》ち消《け》している場合《ばあい》と考《かんが》えればいいよ
だからそれ以外《いがい》にある打消《うちけ》し表現《ひょうげん》は打消《うちけ》しポイントと考《かんが》えなくてもいいんだ
なるほど！文末《ぶんまつ》や句読点《くとうてん》に続《つづ》くところに注意《ちゅうい》すればいいんですね

その通《とお》り！ じゃあ、ここまでのおさらい
文末《ぶんまつ》や句読点《くとうてん》に続《つづ》くところの「ない」とか「なく」といった打消《うちけ》し表現《ひょうげん》（打消《うちけ》しポイント）の後《あと》には、大切《たいせつ》なことが述《の》べてある。従《したが》って、打《うち》消《け》し表現《ひょうげん》をチェックすれば、筆者《ひっしゃ》の言《い》いたいことが見《み》えてくる。
長文読解《ちょうぶんどっかい》って意外《いがい》と簡単《かんたん》なんですね

こういう読解《どっかい》のコツがわかってくると、長文《ちょうぶん》が苦手《にがて》な人《ひと》でももっと勉強《べんきょう》してみようという気《き》になるんじゃないかな？
バッ
よし！ウチケーシー同化《どうか》！
キラ
キラ
あっ ウチケーシーが２つに分《わ》かれてぼくとお姉《ねえ》ちゃんの頭《あたま》の中《なか》に入《はい》ってきた
ポン
ポン
頭《あたま》の中《なか》から声《こえ》がします…
ない ない
ヒョコ
ヒョコ
ない ない
な～んもない…。あれ？ なにこれ！からだが勝手《かって》に動《うご》いちゃうんですけど
お姉《ねえ》ちゃんなに踊《おど》ってるの

ヒョコ
ないない
ないない
な〜んもない…
やだ、先生《せんせい》
止《と》めてください
ヒョコ
う〜〜ん…
…まぁ
しばらくの辛抱《しんぼう》かな
ゴメンね…
ないない
ないない
な〜んもない…
え〜ん、からだが
勝手《かって》に動《うご》いて
止《と》まらないよ〜！
お姉《ねえ》ちゃ
〜ん！

3 時間目《じかんめ》

まとめポイントは筆者《ひっしゃ》の意見《いけん》を要約《ようやく》している部分《ぶぶん》。
ここを押《お》さえることも超重要《ちょうじゅうよう》！

さて、文章《ぶんしょう》を読《よ》む時《とき》に逆接《ぎゃくせつ》や打消《うちけ》しが大事《だいじ》なのはわかったと思《おも》うけど、もう1つ見落《みお》としちゃいけないポイントがあるんだ
3つめのまとめポイントですね
その通《とお》り！文章《ぶんしょう》には筆者《ひっしゃ》が自分《じぶん》の意見《いけん》をまとめている部分《ぶぶん》があって、それを「まとめポイント」というんだ
そんなのがあるなら言《い》いたいことがすぐにわかっちゃうね
そういうこと！それを抜《ぬ》き出《だ》してくれるのがマートメというスケモンなんだ

ちょっとおせっかいだけど
とても役《やく》に立《た》つ奴《やつ》だよ
マートメって
かわいいんですか？
わく
わく
もちろんだよ
わ～楽《たの》しみ
わく
わく
お姉《ねえ》ちゃん
また踊《おど》らされ
ないようにね
あのね…
ひゃー
じゃあ、
マートメを
呼《よ》んでみよう。
みんなも
いっしょに
呼《よ》んでみようか
せぇの…
出《い》でよ！　マートメ!!
ポ
チッ
出《い》でよ！
マートメ!!
ボヨヨ～ン!!

ポンッ
つまり
すなわち 要《よう》するに
これがマートメですか？
かわいいことはかわいいけどなんというか…
うーん
はは〜ん。つまり、すなわち、要《よう》するに、ボクをかわいくないと思《おも》ってるわけ？
いや そんなことはないですけど…

くる
そうだよね。当然《とうぜん》でしょう！
くる
つまり、すなわち、要《よう》するに、ボクほどかわいいスケモンはいないからね
キラン☆
この顔《かお》！
プリーン
この体《からだ》！
くる　くる～っ
この動《うご》き！
どこもとってもかわいさのかたまりじゃないの！
キャー、マートメ超《ちょう》キュート!!っていつも言《い》われるんだからね
きゃる～ん!!
つまり
すなわち
要《よう》するに
ボクは超《ちょう》かわいいってこと！

げっそり…
よくしゃべる奴《やつ》だな…。
つまり、すなわち、要《よう》するに、って
なんだよ
筆者《ひっしゃ》の意見《いけん》を
まとめる言葉《ことば》だよ。
大切《たいせつ》な言葉《ことば》だから
マートメはいつも口癖《くちぐせ》のように
言《い》ってるんだ
ボクは
まとめポイントを
見《み》つけるプロだからね。
ボクさえいれば
筆者《ひっしゃ》の言《い》いたいことが
すぐに
わかっちゃうんだ
えっへん
ほんとかなぁ
じゃあ、マートメの力《ちから》を
見《み》せてあげよう。
マートメ、次《つぎ》の
文章《ぶんしょう》から筆者《ひっしゃ》の
言《い》いたいことを
抜《ぬ》き出《だ》してごらん
ふふん
こんなの簡単《かんたん》！

君《きみ》は勉強《べんきょう》もしないで遊《あそ》んでばかりいるようだね。家《いえ》の手伝《てつだ》いもしないし、毎日昼寝《まいにちひるね》をしてゲームばかりしているそうじゃないか。つまり、君《きみ》はなまけものなんだよ。
フムフム
あっ マートメがペンで書《か》き込《こ》みをしてる
つまり すなわち
要《よう》するに…
きゅ
きゅ
きゅ〜
こういうこと！
君《きみ》は勉強《べんきょう》もしないで遊《あそ》んでばかりいるようだね。家《いえ》の手伝《てつだ》いもしないし、毎日昼寝《まいにちひるね》をしてゲームばかりしているそうじゃないか。つまり（まとめポイント）、君《きみ》はなまけものなんだよ（筆者《ひっしゃ》の言《い》いたい部分《ぶぶん》）。

「つまり」という言葉《ことば》にはそれまでの内容《ないよう》をまとめる働《はたら》きがあるんだ。だから長《なが》い文章《ぶんしょう》であっても「つまり」以降《いこう》に注目《ちゅうもく》すれば筆者《ひっしゃ》の言《い》いたいことが見《み》えてくるようになるんだよ。
これを「まとめポイント」というから覚《おぼ》えておいてね
つまり、すなわち、要《よう》するに、そういうこと
うん うん
まとめる言葉《ことば》には「つまり」とか「すなわち」「要《よう》するに」などがあるから、マートメの口癖《くちぐせ》を覚《おぼ》えておくと便利《べんり》だよ
じゃあ、これはどうかな
スポーツが好《す》きだといっても、やりすぎると体《からだ》をこわすこともある。薬《くすり》は病気《びょうき》を治《なお》すけれども、飲《の》みすぎると病気《びょうき》になったりする。勉強《べんきょう》は大切《たいせつ》だけど、勉強《べんきょう》をしすぎるとストレスがたまってしまう。かといって、遊《あそ》んでばかりいると、成績《せいせき》が下《さ》がってしまう。要《よう》するに、やりすぎはよくないということだ。

マートメの口癖《くちぐせ》を探《さが》せばいいんだろ。えっと…
ぴゅーっ
これもボクがやってあげるね
マートメが勝手《かって》に書《か》き込《こ》んじゃったよ。ほんとにおせっかいだな
きゅ
きゅ
それがマートメだからね
どうかな、これで
スポーツが好《す》きだといっても、やりすぎると体《からだ》をこわすこともある。薬《くすり》は病気《びょうき》を治《なお》すけれども、飲《の》みすぎると病気《びょうき》になったりする。勉強《べんきょう》は大切《たいせつ》だけど、勉強《べんきょう》をしすぎるとストレスがたまってしまう。かといって、遊《あそ》んでばかりいると、成績《せいせき》が下《さ》がってしまう。要《よう》するに（まとめポイント）、やりすぎはよくないということだ（筆者《ひっしゃ》の言《い》いたい部分《ぶぶん》）。
筆者《ひっしゃ》は前半《ぜんはん》でいろんなことを言《い》ってるけれど、要《よう》は「やりすぎはよくない」ってことを言《い》いたいんだよ
筆者《ひっしゃ》は同《おな》じようなことを続《つづ》けて書《か》くと簡単《かんたん》な言葉《ことば》でまとめようとするから、まとめポイントをチェックすれば、言《い》いたいことがわかるんだ

なんだ。「つまり、すなわち、要《よう》するに」を探《さが》せばいいだけじゃん
フフ そうかな?
じゃあ この文章《ぶんしょう》で 筆者《ひっしゃ》の 言《い》いたいことは どこかな?

1960年代《ねんだい》は、鉄腕《てつわん》アトムというTV《テレビ》アニメが子供《こども》たちに大人気《だいにんき》だったが、70年代《ねんだい》に入《はい》ると、ドラえもんやゲゲゲの鬼太郎《きたろう》が人気《にんき》を博《はく》すようになった。最近《さいきん》では妖怪《ようかい》ウォッチがブームとなっていたが、ポケモンGO《ゴー》が出《で》てからはポケットモンスターの人気《にんき》が復活《ふっかつ》してきたようだ。このように、ブームというものは次々《つぎつぎ》と変《か》わっていくものだ。

あれ?「つまり、すなわち、要《よう》するに」がない
え〜っ
ここにもまとめポイントがあるんですか?
もちろんだよ
これもボクがやってあげるね

1960年代《ねんだい》は、鉄腕《てつわん》アトムというTV《テレビ》アニメが子供《こども》たちに大人気《だいにんき》だったが、70年代《ねんだい》に入《はい》ると、ドラえもんやゲゲの鬼太郎《きたろう》が人気《にんき》を博《はく》すようになった。最近《さいきん》では妖怪《ようかい》ウォッチがブームとなっていたが、ポケモンGO《ゴー》が出《で》てからはポケットモンスターの人気《にんき》が復活《ふっかつ》してきたようだ。このように（まとめポイント）、ブームというものは次々《つぎつぎ》と変《か》わっていくものだ（筆者《ひっしゃ》の言《い》いたい部分《ぶぶん》）。

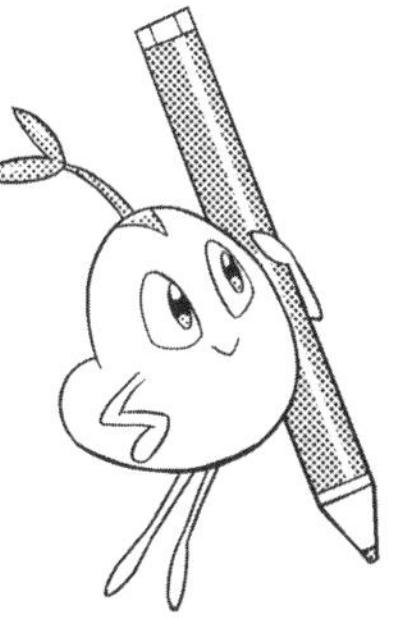

筆者《ひっしゃ》は鉄腕《てつわん》アトムとか妖怪《ようかい》ウォッチとかいろいろ書《か》いているけれど、一番言《いちばんい》いたいのはアニメについてではなく『ブームは次々《つぎつぎ》と変《か》わっていく』ということなんだ
鉄腕アトム
ドラえもん 鬼太郎
妖怪ウォッチ
ポケモン
次のブーム
アニメの話《はなし》はそれを導《みちび》くための具体例《ぐたいれい》にすぎないんだよ
なるほど

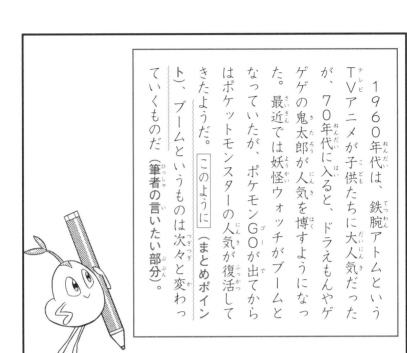

「このように」という言葉《ことば》もまとめポイントになるんですね
そういうこと
まとめポイントになる言葉《ことば》は「つまり、すなわち、要《よう》するに」だけじゃなく「よって」「従《したが》って」「まとめると」「結局《けっきょく》」「以上《いじょう》のことから」「このような」など
うん うん
いろいろな種類《しゅるい》があるから、マートメがいると助《たす》かるんだよ
ふ〜ん、マートメって優秀《ゆうしゅう》なんだ
じゃあ まとめポイントを理解《りかい》したところで長《なが》い文章《ぶんしょう》に挑戦《ちょうせん》してみようか
えっ? まだ早《はや》いんじゃ…
マートメがいるから大丈夫《だいじょうぶ》! 次《つぎ》の文章《ぶんしょう》を読《よ》んで筆者《ひっしゃ》の言《い》いたいことをまとめてごらん

ぼくは、小学校《しょうがっこう》のころからいろいろな本《ほん》を読《よ》んだりしていたから、みんなから〝本《ほん》の虫《むし》〟と呼《よ》ばれていた。だから、わからないことがあるとクラスのみんなからあれこれ質問《しつもん》を受《う》けたりしていたのだが、中《なか》には答《こた》えられないような質問《しつもん》があったりする。そんな時《とき》でも、「あんなに本《ほん》を読《よ》んでいるのに、知《し》らないことがあるんだ」と思《おも》われるのが嫌《いや》だったので、おそらくそれほど外《はず》れていないであろうことを適当《てきとう》に答《こた》えておき、後《あと》から辞書《じしょ》などを調《しら》べて、「実《じつ》は、こういうこともあるんだよ」とつけ加《くわ》えるようにしていた。

とはいっても、いつもうまくいくとは限《かぎ》らない。いくら外《はず》れていないだろうと思《おも》っていても、的外《まとはず》れの答《こた》えをしてしまうこともたまにはあった。そんな時《とき》は、後《あと》から訂正《ていせい》することもできず、その嘘《うそ》がばれないように祈《いの》るしかなかった。そのころのぼくは、かなりナイーブ（繊細《せんさい》）な少年《しょうねん》だったので、みんなの期待《きたい》やぼくへの信《しん》頼《らい》がなくなってしまうのではないかという恐《おそ》れで、ドキドキしていたものだ。

そんな時《とき》、思《おも》わぬことが起《お》きた。ぼくの答《こた》えがまったく間違《まちが》っていることを気《き》づかれたにもかかわらず、みんなはぼくをバカにするのではなく、ぼくのような本《ほん》の虫《むし》でも頓珍漢《とんちんかん》（まったく的外《まとはず》れ）な答《こた》えをすることを喜《よろこ》んでいたのだ。つまり、何《なん》でも知《し》っているはずの本《ほん》の虫《むし》が、普通《ふつう》の人《ひと》と変《か》わらないことに安心《あんしん》したのだ。ぼくはこのことにとても驚《おどろ》き、できる人間《にんげん》がたまにできないと、周囲《しゅうい》の人《ひと》はそれを喜《よろこ》ぶのだということを発見《はっけん》した。

常《つね》に何《なん》でも知《し》っているというポーズを取《と》るのは、とても疲《つか》れることだ。しかし、まわりの人《ひと》は、ぼくに対《たい》してすべてを知《し》っていることを期待《きたい》しているのではなかった。結局《けっきょく》、ぼくに対《たい》して完璧《かんぺき》を求《もと》めていたのではなく、普通《ふつう》の人《ひと》よりちょっと知《し》っているくらいがちょうどいいと思《おも》っていたのである。

それからというもの、ぼくは知《し》らないことは知《し》らないとはっきり言《い》えるようになり、まわりの人《ひと》もぼくに対《たい》してこれまで以上《いじょう》に親《した》しく接《せっ》してくれるようになったと思《おも》う。

長《なが》くて、なにが言《い》いたいのかよくわかんないよ
くら
くら
つまり すなわち 要《よう》するに
君《きみ》はまだ文章《ぶんしょう》に慣《な》れていないということだよ
ボクにおまかせを！
ぴょん!!
またマートメが勝手《かって》に書《か》き込《こ》みをしてる
きゅ
きゅ
きゅ〜〜っ
違《ちが》って
頓珍漢《とんちんかん》
的外《まとはず》れ）な答《こた》えをすることを
づかれたにもかかわらず、み
普通の人と変わらないことに安心《あんしん》したのだ。

ぼくは、小学校《しょうがっこう》のころからいろいろな本《ほん》を読《よ》んだりしていたから、みんなから〝本《ほん》の虫《むし》〟と呼《よ》ばれていた。だから、わからないことがあるとクラスのみんなからあれこれ質問《しつもん》を受《う》けたりしていたのだが、中《なか》には答《こた》えられないような質問《しつもん》があったりする。そんな時《とき》でも、「あんなに本《ほん》を読《よ》んでいるのに、知《し》らないことがあるんだ」と思《おも》われるのが嫌《いや》だったので、おそらくそれほど外《はず》れていないであろうことを適当《てきとう》に答《こた》えておき、後《あと》から辞書《じしょ》などを調《しら》べて、「実《じつ》は、こういうこともあるんだよ」とつけ加《くわ》えるようにしていた。

とはいっても、いつもうまくいくとは限《かぎ》らない。いくら外《はず》れていないだろうと思《おも》っていても、的外《まとはず》れの答《こた》えをしてしまうこともたまにはあった。そんな時《とき》は、後《あと》から訂正《ていせい》することもできず、その嘘《うそ》がばれないように祈《いの》るしかなかった。そのころのぼくは、かなりナイーブ（繊細《せんさい》）な少年《しょうねん》だったので、みんなの期待《きたい》やぼくへの信《しん》頼《らい》がなくなってしまうのではないかという恐《おそ》れで、ドキドキしていたものだ。

そんな時《とき》、思《おも》わぬことが起《お》きた。ぼくの答《こた》えがまったく間違《まちが》っていることを気《き》づかれたにもかかわらず、みんなはぼくをバカにするのではなく、ぼくのような本《ほん》の虫《むし》でも頓珍漢《とんちんかん》（まったく的外《まとはず》れ）な答《こた》えをすることを喜《よろこ》んでいたのだ。❶つまり**（まとめポイント）**、何《なん》でも知《し》っているはずの本《ほん》の虫《むし》が、普通《ふつう》の人《ひと》と変《か》わらないことに安心《あんしん》したのだ**（筆者《ひっしゃ》の言《い》いたい部分《ぶぶん》）**。ぼくはこのことにとても驚《おどろ》き、できる人間《にんげん》がたまにできないと、周囲《しゅうい》の人《ひと》はそれを喜《よろこ》ぶのだということを発見《はっけん》した。

常《つね》に何《なん》でも知《し》っているというポーズを取《と》るのは、とても疲《つか》れることだ。しかし、まわりの人《ひと》は、ぼくに対《たい》してすべてを知《し》っていることを期待《きたい》しているのではなかった。❷結局《けっきょく》**（まとめポイント）**、ぼくに対《たい》して完璧《かんぺき》を求《もと》めていたのではなく、普通《ふつう》の人《ひと》よりちょっと知《し》っているくらいがちょうどいいと思《おも》っていたのである**（筆者《ひっしゃ》の言《い》いたい部分《ぶぶん》）**。

それからというもの、ぼくは知《し》らないことは知《し》らないとはっきり言《い》えるようになり、まわりの人《ひと》もぼくに対《たい》してこれまで以上《いじょう》に親《した》しく接《せっ》してくれるようになったと思《おも》う。

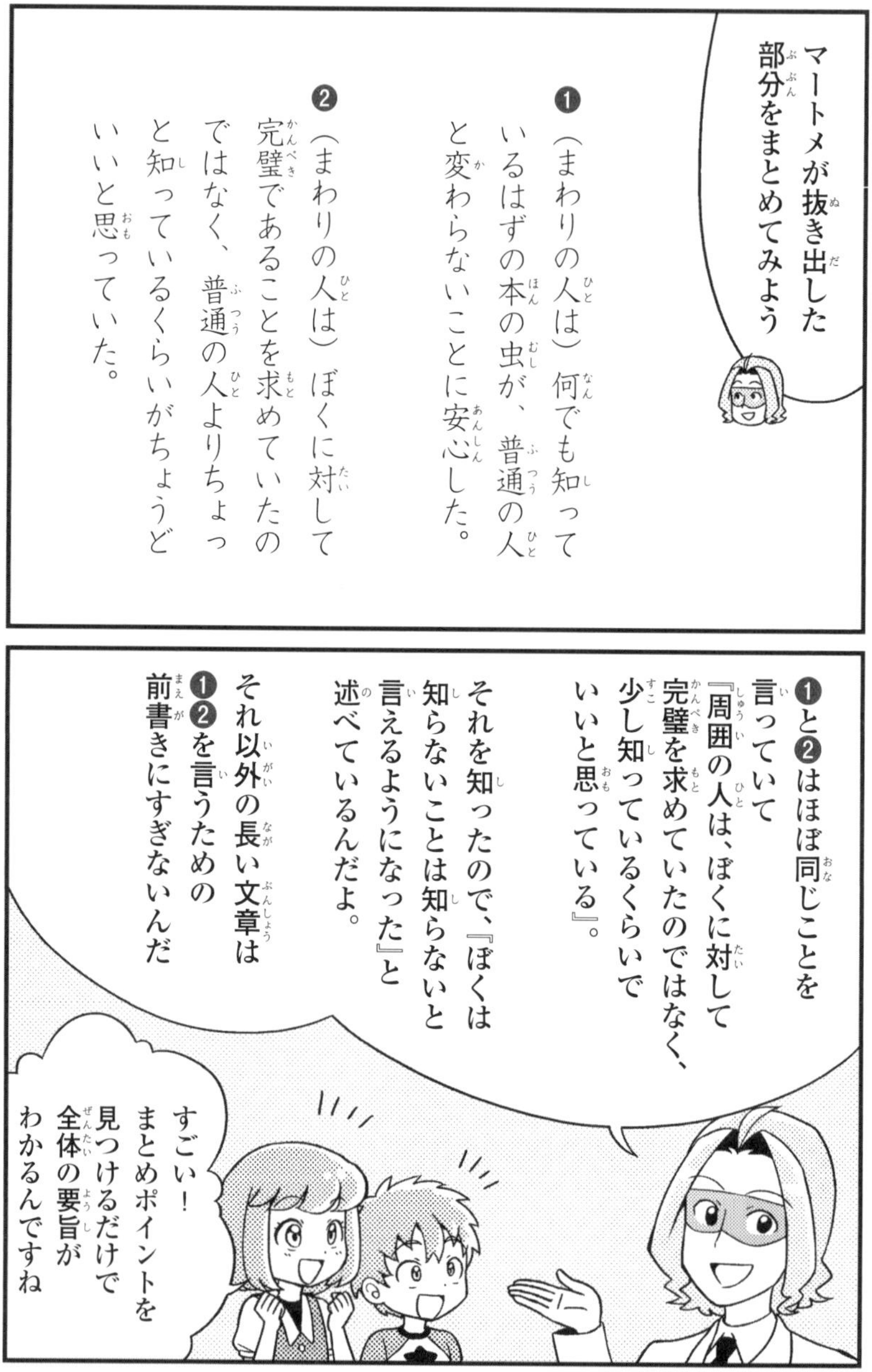

マートメが抜《ぬ》き出《だ》した部分《ぶぶん》をまとめてみよう
❶（まわりの人《ひと》は）何《なん》でも知《し》っているはずの本《ほん》の虫《むし》が、普通《ふつう》の人《ひと》と変《か》わらないことに安心《あんしん》した。
❷（まわりの人《ひと》は）ぼくに対《たい》して完璧《かんぺき》であることを求《もと》めていたのではなく、普通《ふつう》の人《ひと》よりちょっと知《し》っているくらいがちょうどいいと思《おも》っていた。
❶と❷はほぼ同《おな》じことを言《い》っていて『周囲《しゅうい》の人《ひと》は、ぼくに対《たい》して完璧《かんぺき》を求《もと》めていたのではなく、少《すこ》し知《し》っているくらいでいいと思《おも》っている』。それを知《し》ったので、『ぼくは知《し》らないことは知《し》らないと言《い》えるようになった』と述《の》べているんだよ。それ以外《いがい》の長《なが》い文章《ぶんしょう》は❶❷を言《い》うための前書《まえが》きにすぎないんだ
すごい！まとめポイントを見《み》つけるだけで全体《ぜんたい》の要旨《ようし》がわかるんですね

これでまとめポイントの重要性《じゅうようせい》がわかったかな？
は〜い！
よくわかりました！
じゃあ、ここでまとめておこうか
まとめポイントとはつまり、すなわち、要《よう》するに、こういうこと

筆者《ひっしゃ》は自分《じぶん》の意見《いけん》をわかってもらうために、まとめ言葉《ことば》（まとめポイント）を使《つか》って簡潔《かんけつ》にまとめている。従《したが》って、まとめ言葉《ことば》の後《あと》に筆者《ひっしゃ》の言《い》いたいことが書《か》かれている。まとめ言葉《ことば》には、「つまり」「すなわち」「要《よう》するに」のほかに「従《したが》って」「結局《けっきょく》」「以上《いじょう》のことから」「このような」など様々《さまざま》あるので、注意《ちゅうい》が必要《ひつよう》だ。

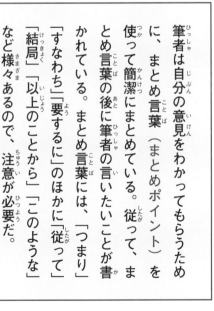

ついでに説明《せつめい》しておくと❷の部分《ぶぶん》は逆接《ぎゃくせつ》ポイントと打消《うちけ》しポイントを使《つか》っても導《みちび》き出《だ》せるんだよ
常《つね》に何《なん》でも知《し》っているというポーズを取《と》るのは、とても疲《つか》れることだ。しかし（逆接《ぎゃくせつ》ポイント）、まわりの人《ひと》は、ぼくに対《たい》してすべてを知《し》っていることを期待《きたい》しているのではなかった（打消《うちけ》しポイント）。結局《けっきょく》、ぼくに対《たい》して完璧《かんぺき》を求《もと》めていたのではなく（打消《うちけ》しポイント）、普《ふ》通《つう》の人《ひと》よりちょっと知《し》っているくらいがちょうどいいと思《おも》っていたのである（筆《ひっ》者《しゃ》の言《い》いたい部分《ぶぶん》）。
ほらね。逆接《ぎゃくせつ》ポイント→打消《うちけ》しポイント→打消《うちけ》しポイントと続《つづ》いて、（まわりの人《ひと》は、ぼくが）『普通《ふつう》の人《ひと》よりちょっと知《し》っているくらいがちょうどいいと思《おも》っていた』とまとめポイントを使《つか》った場合《ばあい》と同《おな》じところが抜《ぬ》き出《だ》せるんだ
わかりました！
いろんな方法《ほうほう》を知《し》っておくと文章《ぶんしょう》の理解《りかい》が容易《ようい》になるんだよ。わかったかな？
よし、次《つぎ》に行《い》ってみよう！

4 時間目《じかんめ》

気持《きも》ちポイントを押《お》さえることができれば、もう上級者《じょうきゅうしゃ》。読解力《どっかいりょく》は一気《いっき》にアップする！

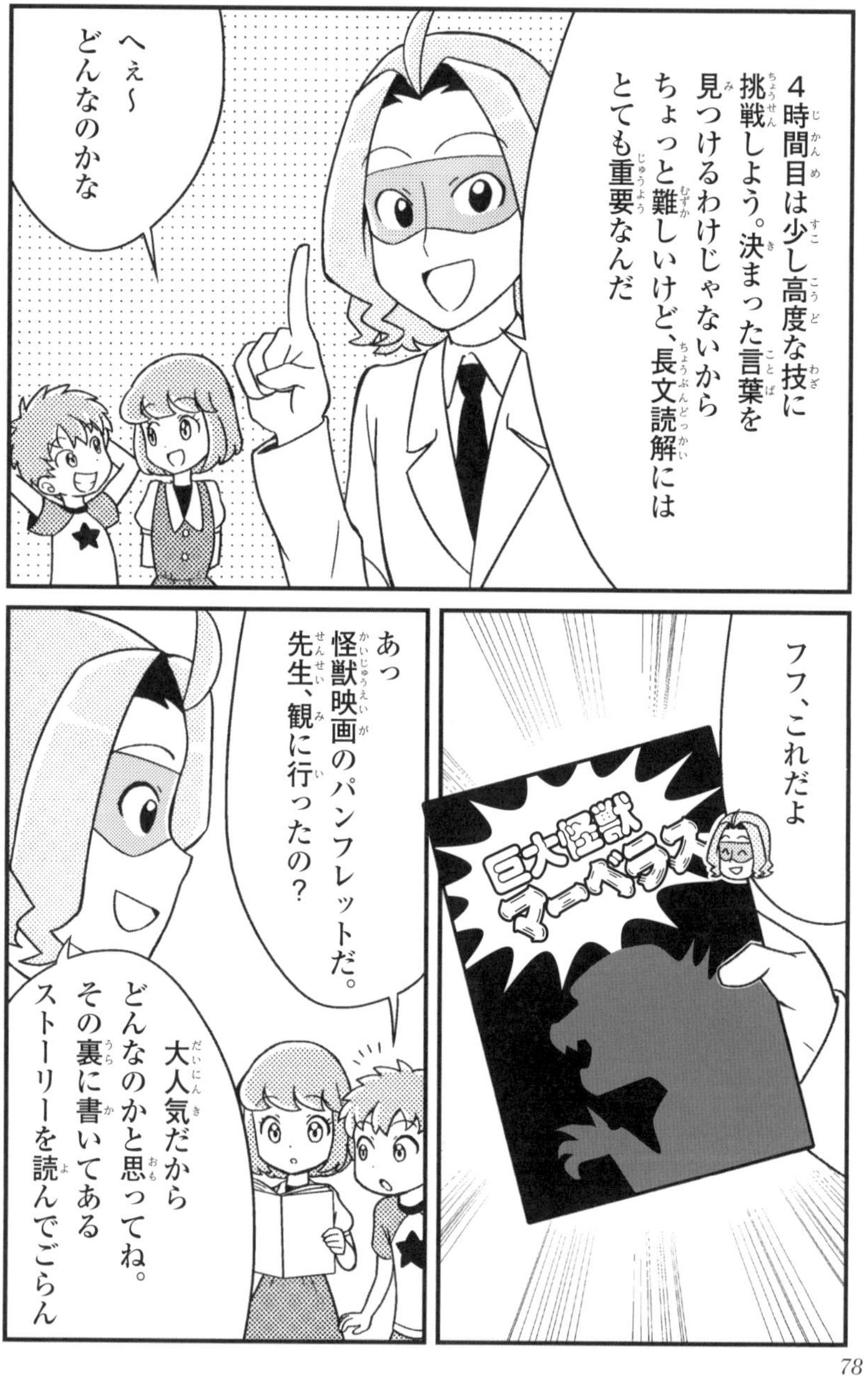
4時間目《じかんめ》は少《すこ》し高度《こうど》な技《わざ》に挑戦《ちょうせん》しよう。決《き》まった言葉《ことば》を見《み》つけるわけじゃないから ちょっと難《むずか》しいけど、長文読解《ちょうぶんどっかい》には とても重要《じゅうよう》なんだ
へぇ〜 どんなのかな
フフ、これだよ
巨大怪獣 マーベラス
あっ 怪獣映画《かいじゅうえいが》のパンフレットだ。先生《せんせい》、観《み》に行《い》ったの？
大人気《だいにんき》だから どんなのかと思《おも》ってね。その裏《うら》に書《か》いてある ストーリーを読《よ》んでごらん

日本《にほん》列島《れっとう》で続《つづ》く謎《なぞ》の地震《じしん》。眠《ねむ》っていた火山《かざん》が次々《つぎつぎ》と噴火《ふんか》し、富士山《ふじさん》までも大規《だいき》模《ぼ》な爆発《ばくはつ》を起《お》こす。天変地異《てんぺんちい》の恐怖《きょうふ》におびえる人々《ひとびと》。そして、その火口《かこう》から現《あらわ》れたのは、なんと巨大怪獣《きょだいかいじゅう》だったのだ！
巨大怪獣マニベラス
これを書《か》いた人《ひと》がもっとも言《い》いたい部分《ぶぶん》はどこだと思《おも》う？
ストーリーの紹介《しょうかい》だから全部《ぜんぶ》じゃないの？
1カ所《しょ》だけ筆者《ひっしゃ》が強調《きょうちょう》してる部分《ぶぶん》があるんだ
え？どこかな…
？
？
逆接《ぎゃくせつ》や打消《うちけ》しもないし、まとめ表現《ひょうげん》もありませんね
わからない時《とき》は文章《ぶんしょう》を書《か》いた人《ひと》の気持《きも》ちになってみるんだ
映画《えいが》の紹介《しょうかい》だから「ここが面白《おもしろ》いんだ」という部分《ぶぶん》を強調《きょうちょう》してるはずだよ
う―――ん

そうか！最後《さいご》の
『なんと巨大怪獣《きょだいかいじゅう》だったのだ！』
のところだね
日本列島《にほんれっとう》
震《しん》。眠《ねむ》
火山《かざん》が次々《つぎつぎ》、
富士山《ふじさん》まで
模《ぼ》な爆発《ばくはつ》を起《お》
。天変地異《てんぺんちい》の
びえる人々《ひとびと》。そして、その火口《かこう》か
たのは、なんと巨大怪獣《きょだいかいじゅう》だったの
パチ
パチ
その通《とお》り！

この映画《えいが》の面白《おもしろ》さは
怪獣《かいじゅう》が現《あらわ》れて大暴《おおあば》れするところにあるから
筆者《ひっしゃ》も当然《とうぜん》そこを強調《きょうちょう》している。
つまり、筆者《ひっしゃ》の気持《きも》ちが表《あらわ》れている部分《ぶぶん》は
筆者《ひっしゃ》の言《い》いたいことでもあるんだよ。
これを気持《きも》ちポイントというから
覚《おぼ》えておいてね

たしかに「なんと」という驚《おどろ》きの表現《ひょうげん》もあるし感嘆符《かんたんふ》「!」もついてますね。内容《ないよう》を見《み》なくても、表現《ひょうげん》だけでわかりますね
ホホホ、その通《とお》りよ。なかなか賢《かしこ》い子供《こども》たちね。教《おし》えがいがあるわ
えっ誰《だれ》?
キモーチママだよ。筆者《ひっしゃ》の気持《きも》ちをわかってあげる優《やさ》しいスケモンなんだ
キョロキョロ
ポチッ
出《い》でよ!キモーチママ!!
ポン!!

センセ、お久《ひさ》しぶり
お元気《げんき》だったかしら
お陰《かげ》さまで
なんとかやってます
ペコリ
あら、かわいいお嬢《じょう》ちゃんね。
年《とし》はいくつ？
11歳《さい》です。
来年《らいねん》は受験《じゅけん》だから苦手《にがて》な
国語《こくご》を何《なん》とかしなくちゃって
思《おも》って…
お利口《りこう》さんだこと。
で、こちらの
頭《あたま》の悪《わる》そうな
男《おとこ》の子《こ》は？
あの…
弟《おとうと》ですが…
ひどいよ！
お姉《ねえ》ちゃん、なにか
言《い》ってやって！
冗談《じょうだん》よ。かわいい子《こ》を見《み》ると
つい冗談《じょうだん》を言《い》ってしまうの
ホホホ
クスクス
なんか
笑《わら》えないいな…

まぁまぁ。広《ひろ》い心《こころ》を持《も》っていなきゃね。
じゃあママさん続《つづ》きをお願《ねが》いできますか？
この子《こ》たちに気《き》持《も》ちポイントの見《み》つけ方《かた》を教《おし》えてあげてください
先生《せんせい》が教《おし》えるんじゃないいんですか？
気《き》持《も》ちポイントのときはキモーチママにお願《ねが》いしてるんだ。僕《ぼく》より教《おし》え方《かた》が上手《じょうず》だからね
コクリ
そうよ。これからは私《わたし》が先生《せんせい》の代《か》わり。いいかしら？
は〜い
いい子《こ》たちね。では、私《わたし》の講義《こうぎ》の始《はじ》まりよ
まず、この文章《ぶんしょう》を見《み》てちょうだい

イチロー選手《せんしゅ》は高校時代《こうこうじだい》に毎日《まいにち》欠《か》かさず十分間《ぶんかん》の素振《すぶ》りをし、それを三年間継続《ねんかんけいぞく》したという。たった十分間《ぶんかん》のことだが、欠《か》かさず続《つづ》けるのは容易《ようい》なことではない。イチロー選手《せんしゅ》の活躍《かつやく》は、こうした努《ど》力《りょく》の積《つ》み重《かさ》ねによるものだろう。これは多《おお》くの人《ひと》が見習《みなら》わねばならないことだ。

この中《なか》から筆者《ひっしゃ》のもっとも言《い》いたいことが抜《ぬ》き出《だ》せるかしら?

簡単《かんたん》だよ。途中《とちゅう》に逆接《ぎゃくせつ》があるから
たった十分間《ぶんかん》のこと[だが]（逆接《ぎゃくせつ》ポイント）、欠《か》かさず続《つづ》けるのは容易《ようい》なことではない（筆者《ひっしゃ》の言《い》いたい部分《ぶぶん》）。
となって、
『素振《すぶ》りを欠《か》かさず続《つづ》けるのは容易《ようい》なことではない』だよ
残念《ざんねん》ね。そこも言《い》いたい部分《ぶぶん》の1《ひと》つだけど、筆者《ひっしゃ》が一番《いちばん》言《い》いたいことじゃないわ
筆者《ひっしゃ》の気持《きも》ちが強《つよ》く入《はい》った部分《ぶぶん》を探《さが》してみるのよ
え〜どこだろ

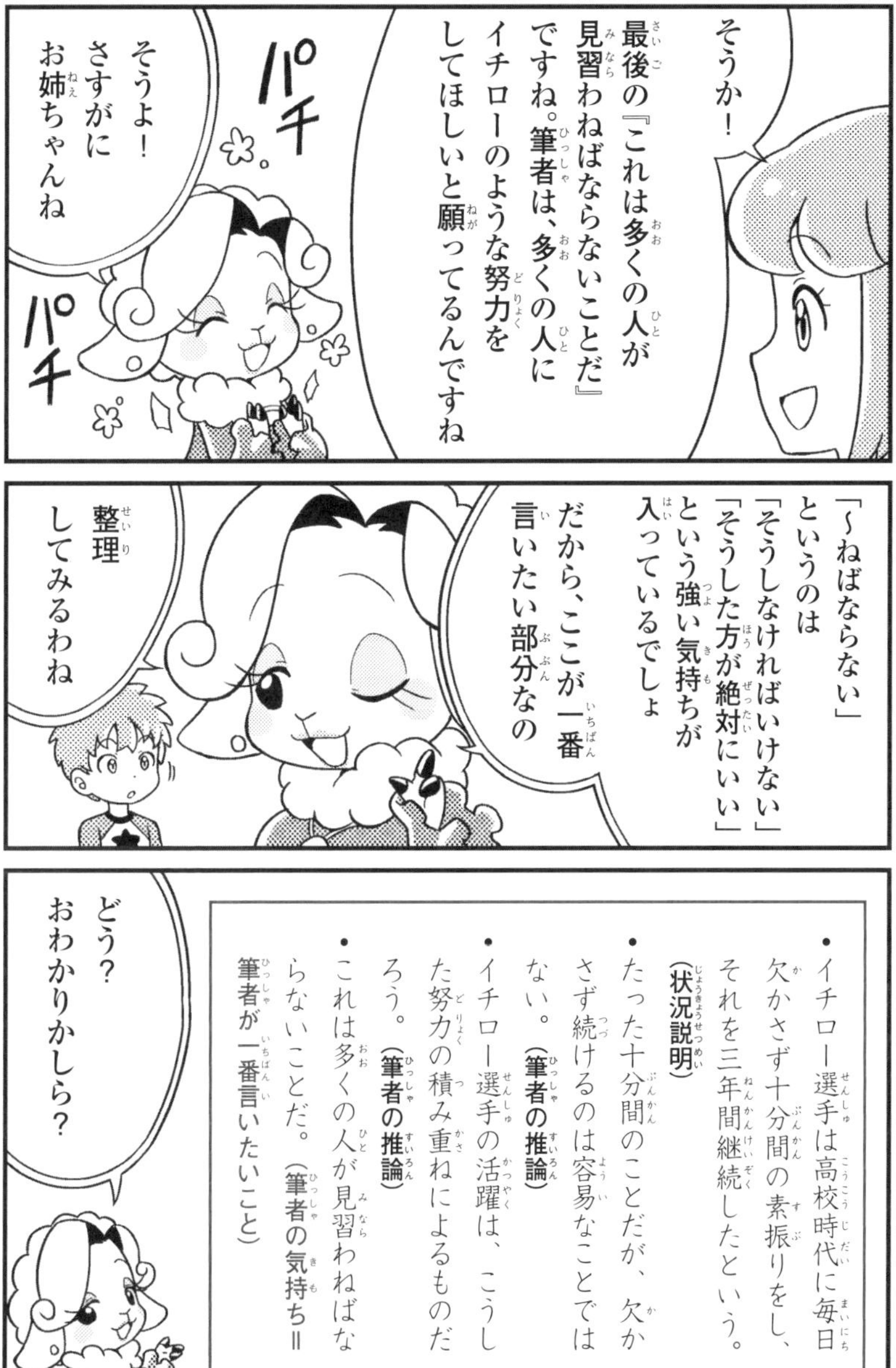
そうか！
最後《さいご》の『これは多《おお》くの人《ひと》が見習《みなら》わねばならないことだ』ですね。筆者《ひっしゃ》は、多《おお》くの人《ひと》にイチローのような努力《どりょく》をしてほしいと願《ねが》ってるんですね
パチ
パチ
そうよ！さすがにお姉《ねえ》ちゃんね
「～ねばならない」というのは「そうしなければいけない」「そうした方《ほう》が絶対《ぜったい》にいい」という強《つよ》い気持《きも》ちが入《はい》っているでしょ
だから、ここが一番《いちばん》言《い》いたい部分《ぶぶん》なの
整理《せいり》してみるわね
・イチロー選手《せんしゅ》は高校時代《こうこうじだい》に毎日《まいにち》欠《か》かさず十分間《ぶんかん》の素振《すぶ》りをし、それを三年間継続《ねんかんけいぞく》したという。（状況説明《じょうきょうせつめい》）
・たった十分間《ぶんかん》のことだが、欠《か》かさず続《つづ》けるのは容易《ようい》なことではない。（筆者《ひっしゃ》の推論《すいろん》）
・イチロー選手《せんしゅ》の活躍《かつやく》は、こうした努力《どりょく》の積《つ》み重《かさ》ねによるものだろう。（筆者《ひっしゃ》の推論《すいろん》）
・これは多《おお》くの人《ひと》が見習《みなら》わねばならないことだ。（筆者《ひっしゃ》の気持《きも》ち＝筆者《ひっしゃ》が一番《いちばん》言《い》いたいこと）
どう？おわかりかしら？

じゃあ、「～ねばならない」というのがあったら気持《きも》ちポイントと考《かんが》えていいんですか？
その通《とお》りよ
それなら簡単《かんたん》じゃん

あら、そうかしら？じゃあこれはどう？
くすっ

ウソをつくのはよくないことですが、自分《じぶん》を守《まも》るためには仕方《しかた》のない場合《ばあい》だってあります。友人《ゆうじん》からよくない誘《さそ》いがあるのなら、ウソをついてでも断《ことわ》るべきです。そういう人《ひと》は本当《ほんとう》の友《ゆう》人《じん》ではありません。本当《ほんとう》の友人《ゆうじん》は、あなたにとってマイナスになることはしないものです。

あっ「～ねばならない」がない
それにどの文章《ぶんしょう》も筆者《ひっしゃ》の意見《いけん》だと考《かんが》えられますね
だからこそ気持《きも》ちポイントを探《さが》すの。「～ねばならない」と同《おな》じような言葉《ことば》があるのがわかるかしら？

！
そうか『ウソをついても断《ことわ》るべきです』だ
「～ねばならない」と「～するべき」はほぼ同《おな》じだからね
お利口《りこう》さんだこと。やっぱり見込《みこ》みがあると思《おも》ってたわ
なでなで
そうかな。えへへ
この文章《ぶんしょう》は筆者《ひっしゃ》が読《よ》み手《て》にアドバイスしているものだと考《かんが》えられるわね
おそらく読《よ》み手《て》は友人《ゆうじん》から悪《わる》いお誘《さそ》いがあったのでしょう
だから筆者《ひっしゃ》は『そんな誘《さそ》いは断《ことわ》りなさい！』と強《つよ》く命《めい》じているのね
いろんな探《さが》し方《かた》があるんですね

その通《とお》りよ。じゃあ、別《べつ》のパターンを練習《れんしゅう》しようかしら。これはどう？
わっ、長《なが》っ
気持《きも》ちポイントにチェックすれば言《い》いたいことはすぐわかるわ

若《わか》い女性《じょせい》を中心《ちゅうしん》に、ダイエットブームが続《つづ》いています。ダイエットの本《ほん》はベストセラーになり、ダイエットをテーマにしたテレビ番組《ばんぐみ》も高視聴率《こうしちょうりつ》を取《と》っています。今《いま》やダイエットは大《おお》きな産業《さんぎょう》といってもいいでしょう。

女性《じょせい》がやせた体型《たいけい》にあこがれるのは、テレビや雑誌《ざっし》などのメディアから大《おお》きな影響《えいきょう》を受《う》けています。登場《とうじょう》する女性《じょせい》たちがみんなやせてスラッとしているので、そういう人《ひと》たちが美《うつく》しいのだと思《おも》ってしまうのです。

しかし、長《なが》い歴史《れきし》を振《ふ》り返《かえ》ってみると、現在《げんざい》のようにやせ型《がた》を理想《りそう》とした時代《じだい》はありませんでした。平安時代《へいあんじだい》の美人《びじん》は、絵巻物《えまきもの》にあるようにふっくらとしていましたし、体《たい》型《けい》も小太《こぶと》りが好《この》まれたと思《おも》われます。おそらく、女性《じょせい》の役割《やくわり》が子供《こども》を産《う》むことにあるとされた時代《じだい》では、安産型《あんざんがた》の体型《たいけい》がよいとされたのでしょう。鎌倉《かまくら》や江戸時代《えどじだい》を経《へ》て、顔《かお》の好《この》みは少《すこ》しずつ変《か》わっていきますが、体型《たいけい》に関《かん》しては変化《へんか》していません。

明治《めいじ》から昭和初期《しょうわしょき》にかけても、やせ型《がた》が理想《りそう》となることはありませんでした。女性《じょせい》の役割《やくわり》に大《おお》きな変化《へんか》がなく、多《おお》くの女性《じょせい》が着物《きもの》を着《き》ていたことも大《おお》きいと思《おも》われます。しかし、昭和《しょうわ》の後期《こうき》になると、スカートのような肌《はだ》を露出《ろしゅつ》するファッションが広《ひろ》がり、女《じょ》性《せい》が働《はたら》き手《て》として社会《しゃかい》に出《で》るようになりました。そのため、子供《こども》を産《う》むことよりも外見《がいけん》が重視《じゅうし》されるようになり、現在《げんざい》のような美意識《びいしき》が広《ひろ》がったのです。

このように、美《び》の基準《きじゅん》は社会《しゃかい》のあり方《かた》が作《つく》り出《だ》したものであり、決《き》まった形《かたち》があるわけではありません。それぞれが違《ちが》っていて当然《とうぜん》なのです。現《げん》に、やせ型《がた》が理想《りそう》とされる現代《げんだい》でも、ぽっちゃり型《がた》を好《この》む男性《だんせい》がいるのは、そのひとつです。

ですから、みなさんに言《い》いたいのは、メディアが押《お》しつける価値観《かちかん》を、絶対的《ぜったいてき》なものだとして受《う》け取《と》らないということです。一人《ひとり》ひとりが美《び》の基準《きじゅん》を持《も》てばいいのです。

「〜ねばならない」も「〜するべき」もないなぁ…
あっ！
わかりました！最後《さいご》の『みなさんに言《い》いたいのは、メディアが押《お》し付《つ》ける価値観《かちかん》を、絶対的《ぜったいてき》なものだとして受《う》け取《と》らないということです』というところでしょう？
うん
うん
そうよ。すてきね
どうしてわかったの？
だって「言《い》いたいのは」ってあるじゃない
「言《い》いたい」というのは筆者《ひっしゃ》の気持《きも》ちだから、ここが気持《きも》ちポイントになるでしょ？
そっか
みなさんに言《い》いたいのは（気持《き》ちポイント）メディアが押《お》し付《つ》ける価値観《かちかん》を、絶対的《ぜったいてき》なものだとして受《う》け取《と》らないということです。
さすがねお嬢《じょう》ちゃん。でも、他《ほか》にもあることに気《き》づいたかしら？
え、まだあるんですか？

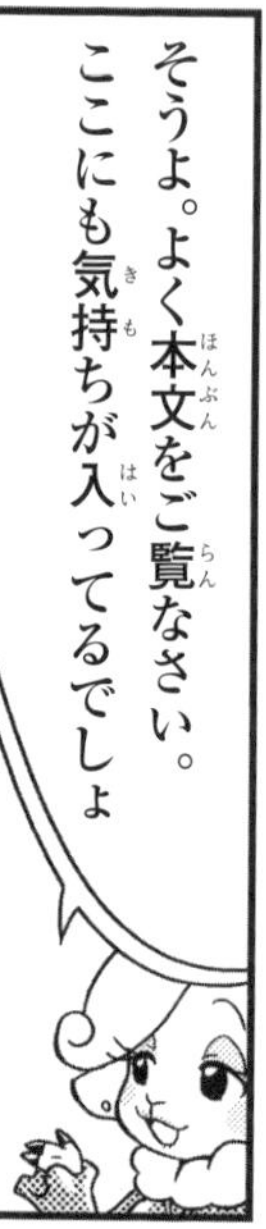
そうよ。よく本文《ほんぶん》をご覧《らん》なさい。ここにも気《き》持《も》ちが入《はい》ってるでしょ

このように、美《び》の基準《きじゅん》は社会《しゃかい》のあり方《かた》が作《つく》り出《だ》したものであり、決《き》まった形《かたち》があるわけではありません。それぞれが違《ちが》っていて❶当然《とうぜん》なのです（**気《き》持《も》ちポイント**）。現《げん》に、やせ型《がた》が理想《りそう》とされる現代《げんだい》でも、ぽっちゃり型《がた》を好《この》む男性《だんせい》がいるのは、そのひとつです。

ですから、みなさんに❷言《い》いたいのは（**気《き》持《も》ちポイント**）、メディアが押《お》し付《つ》ける価値観《かちかん》を、絶対的《ぜったいてき》なものだとして受《う》け取《と》らないということです。一人《ひとり》ひとりが美《び》の基準《きじゅん》を持《も》てば❸いいのです（**気《き》持《も》ちポイント**）。

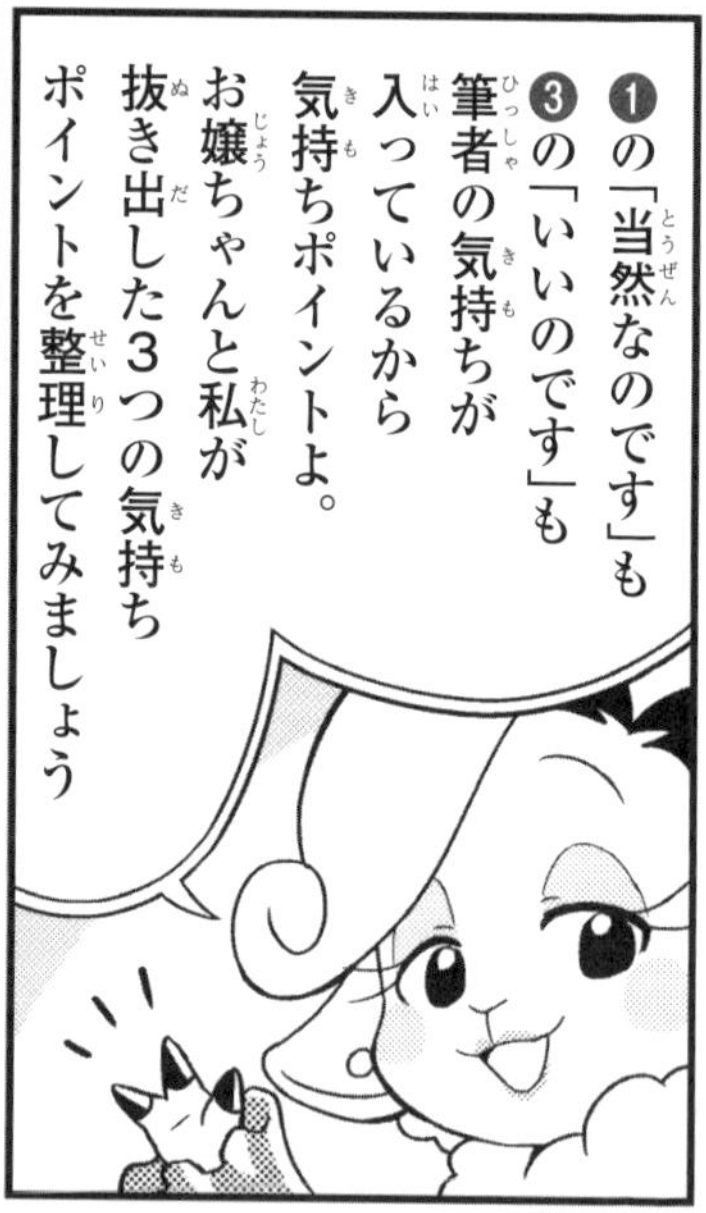
❶の「当然《とうぜん》なのです」も❸の「いいのです」も筆者《ひっしゃ》の気《き》持《も》ちが入《はい》っているから気《き》持《も》ちポイントよ。
お嬢《じょう》ちゃんと私《わたし》が抜《ぬ》き出《だ》した3つの気《き》持《も》ちポイントを整理《せいり》してみましょう

❶（美《び》の基準《きじゅん》は）それぞれが違《ちが》っていて当然《とうぜん》なのです。

❷メディアが押《お》し付《つ》ける価値観《かちかん》を、絶対的《ぜったいてき》なものだとして受《う》け取《と》らないということです。

❸一人《ひとり》ひとりが美《び》の基準《きじゅん》を持《も》てばいいのです。

ほら、筆者《ひっしゃ》の言《い》いたいことがみんな入《はい》っているでしょう

本当《ほんとう》だ。気持《きも》ちポイントって大切《たいせつ》なんですね
ただ、気持《きも》ちポイントはいろんな表現《ひょうげん》があるので、代表的《だいひょうてき》なものは覚《おぼ》えておいた方《ほう》がいいわね

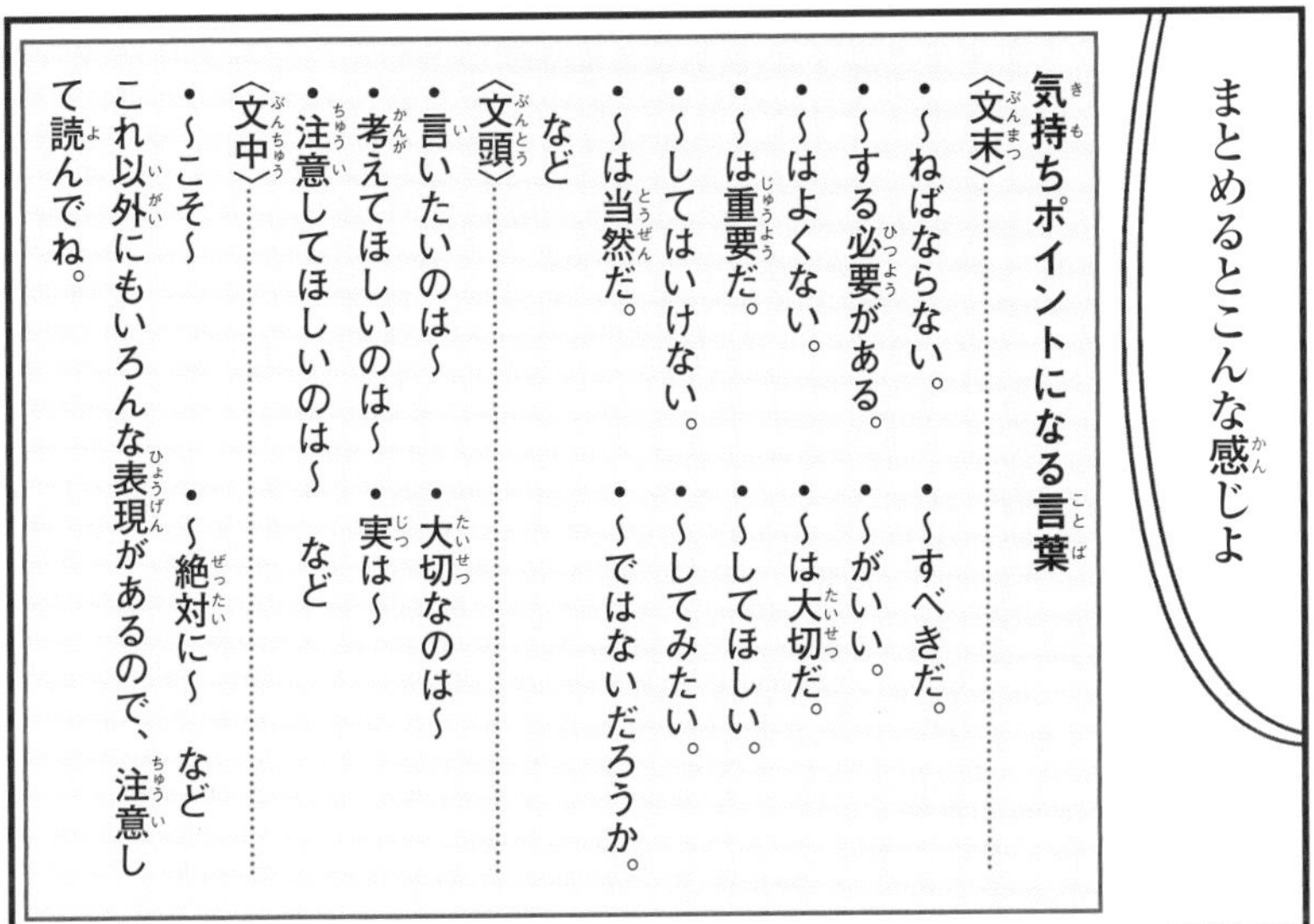
まとめるとこんな感《かん》じよ
気持《きも》ちポイントになる言葉《ことば》
〈文末《ぶんまつ》〉
・〜ねばならない。・〜すべきだ。
・〜する必要《ひつよう》がある。・〜がいい。
・〜はよくない。・〜は大切《たいせつ》だ。
・〜は重要《じゅうよう》だ。・〜してほしい。
・〜してはいけない。・〜してみたい。
・〜は当然《とうぜん》だ。・〜ではないだろうか。
など
〈文頭《ぶんとう》〉
・言《い》いたいのは〜 ・大切《たいせつ》なのは〜
・考《かんが》えてほしいのは〜 ・実《じつ》は〜
・注意《ちゅうい》してほしいのは〜 など
〈文中《ぶんちゅう》〉
・〜こそ〜 ・〜絶対《ぜったい》に〜 など
これ以外《いがい》にもいろんな表現《ひょうげん》があるので、注意《ちゅうい》して読《よ》んでね。

さて、みんなわかったかしら
は〜い!
じゃあ、もう1回《かい》だけ練習《れんしゅう》よ。気持《きも》ちポイントに注意《ちゅうい》して、筆者《ひっしゃ》が一番《いちばん》言《い》いたいことを抜《ぬ》き出《だ》してみて

テレビを見《み》ていると、民族紛争《みんぞくふんそう》によって多《おお》くの難民《なんみん》や死者《ししゃ》が出《で》ているというニュースが流《なが》れています。これは他国《たこく》に限《かぎ》ったことではありません。私《わたし》たちのすむ日本《にほん》でも、少《すこ》し昔《むかし》にアメリカと戦争《せんそう》をして、多《おお》くの人々《ひとびと》が亡《な》くなりました。歴史《れきし》をふり返《かえ》ってみると、どの国《くに》でも戦争《せんそう》があったことがわかります。

人《ひと》が戦争《せんそう》をするのは単純《たんじゅん》な理由《りゆう》からです。普段《ふだん》の生活《せいかつ》におきかえてみると、それはよくわかります。たとえば、サッカーの試合《しあい》で体《からだ》がぶつかり、けんかになることがありますが、そこには三つの原因《げんいん》が考《かんが》えられます。

一つは得点《とくてん》しようと必死《ひっし》になっているので、それを妨害《ぼうがい》することが許《ゆる》せないのです。つまり、利益《りえき》を得《え》ようとする気持《きも》ち（欲望《よくぼう》）が強《つよ》いのです。それから、相手《あいて》の気持《きも》ちがわからない、ということもあります。ぶつかった人《ひと》も、わざとぶつかったのではなく、試合《しあい》の流《なが》れでたまたまそうなったのですが、気持《きも》ちとして理《り》解《かい》できないのです。三つ目《め》は、許《ゆる》すという心《こころ》に欠《か》けていることです。誰《だれ》だって失敗《しっぱい》をします。失敗《しっぱい》をしない人《ひと》なんてこの世《よ》に一人《ひとり》もいません。失敗《しっぱい》するたびにその人《ひと》を責《せ》めたのでは、人間関係《にんげんかんけい》がギスギスしてしまいます。責《せ》められた人《ひと》が、たえられなくなって暴力《ぼうりょく》に出《で》ることもあるでしょう。

そうしたところから、争《あらそ》いは起《お》こるのです。

平和《へいわ》な社会《しゃかい》をきずくには、なるべく欲望《よくぼう》をおさえ、相手《あいて》を理解《りかい》し、許《ゆる》す心《こころ》を持《も》つことです。全世界《ぜんせかい》の人々《ひとびと》がそのような心《こころ》を持《も》てば、世界平和《せかいへいわ》も夢《ゆめ》ではないでしょう。

これから社会《しゃかい》に出《で》ていくみなさんは、こうした心《こころ》を持《も》ち、世界中《せかいじゅう》の誰《だれ》もが平《へい》和《わ》で豊《ゆた》かにくらせるような世《よ》の中《なか》にしてほしいと願《ねが》っています。

最後《さいご》の部分《ぶぶん》だよ。
「ほしいと願《ねが》っています」が気持《きも》ちポイントだから、「社会《しゃかい》に出《で》ていくみなさんは、世界中《せかいじゅう》の誰《だれ》もが平和《へいわ》で豊《ゆた》かにくらせるような世《よ》の中《なか》にしてほしい」と言《い》いたいんだよ
これから社会《しゃかい》に出《で》ていくみなさんは、こうした心《こころ》を持《も》ち、世界中《せかいじゅう》の誰《だれ》もが平和《へいわ》で豊《ゆた》かにくらせるような世《よ》の中《なか》にしてほしいと願《ねが》っています（気持《きも》ちポイント）。
その通《とお》りよ。お利口《りこう》さんね。筆者《ひっしゃ》は「みなさん」つまり読者《どくしゃ》に『世界中《せかいじゅう》の誰《だれ》もが平和《へいわ》で豊《ゆた》かにくらせる世《よ》の中《なか》にしてほしい』と願《ねが》っているの
えへへ
筆者《ひっしゃ》は『欲望《よくぼう》をおさえ相手《あいて》を理解《りかい》し、許《ゆる》す心《こころ》を持《も》って世界《せかい》を平和《へいわ》にしてほしい』と読者《どくしゃ》のみんなに言《い》いたいのね。
だから、それを読《よ》み取《と》ってくれたら筆者《ひっしゃ》も喜《よろこ》ぶと思《おも》うわ

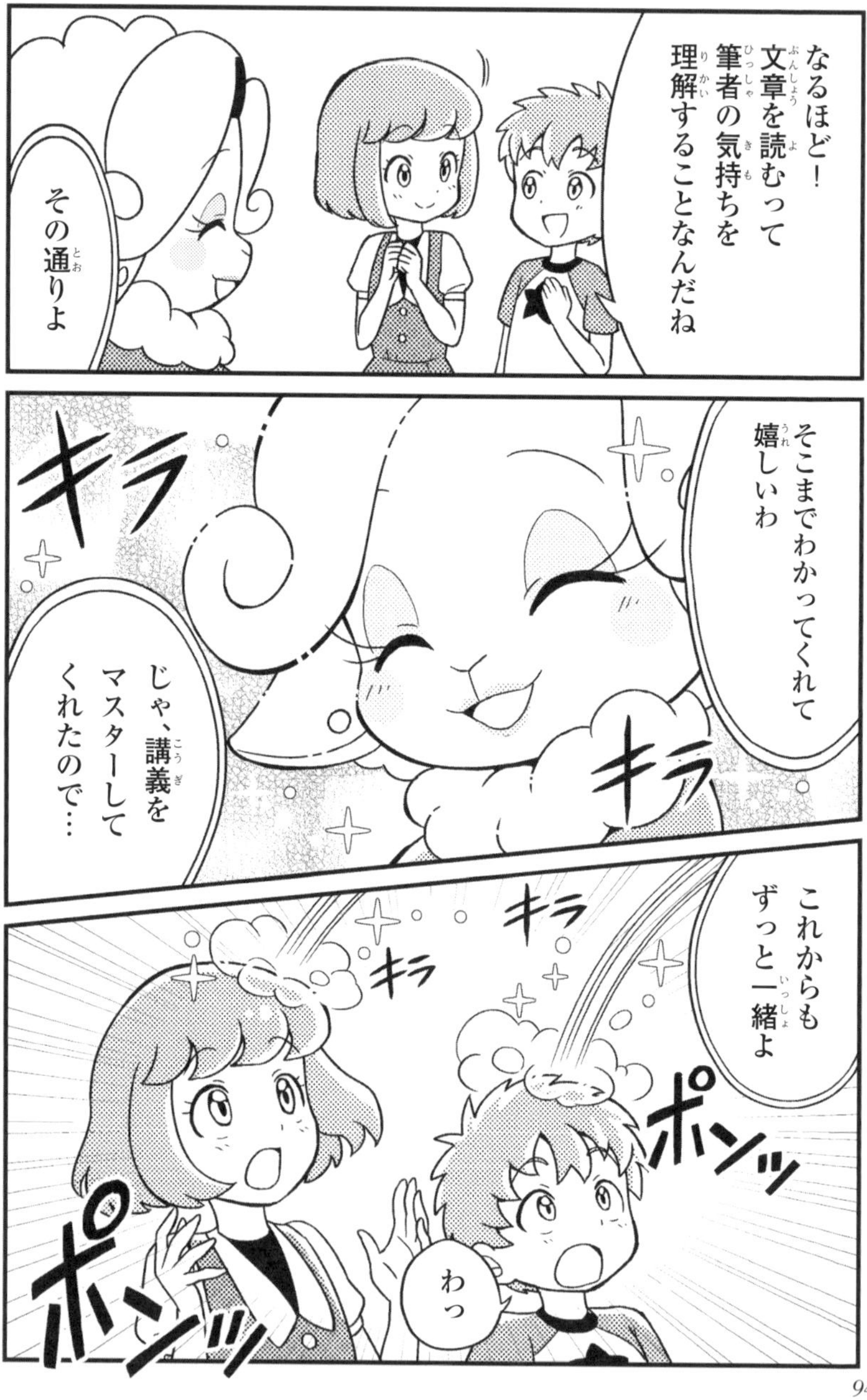
なるほど！文章《ぶんしょう》を読《よ》むって筆者《ひっしゃ》の気持《きも》ちを理解《りかい》することなんだね
その通《とお》りよ
そこまでわかってくれて嬉《うれ》しいわ
キラ
キラ
じゃ、講義《こうぎ》をマスターしてくれたので…
これからもずっと一緒《いっしょ》よ
キラ
キラ
ポンッ
ポンッ
わっ

キモーチママが入《はい》ってきた
暖《あたた》かい風《かぜ》が吹《ふ》き込《こ》んできたみたい
ホホホ…
頭《あたま》の中《なか》で声《こえ》が響《ひび》いてる！
よかったね。みんなの中《なか》にはキモーチママが入《はい》ってるからこれからは簡単《かんたん》に気持《きも》ちポイントが見《み》つけられるよ
やった！また読解力《どっかいりょく》がついたぞ
来年《らいねん》の受験《じゅけん》に自信《じしん》がつきました

それはよかった
じゃあ まとめておこうか

説明文《せつめいぶん》の中《なか》にある筆者《ひっしゃ》の気持《きも》ちが入《はい》っている部分《ぶぶん》（気持《きも》ちポイント）は、そのまま筆者《ひっしゃ》の言《い》いたいことである。
気持《きも》ちポイントは文末《ぶんまつ》では「～ねばならない」「～はよくない」「～する必要《ひつよう》がある」「～がいい」「～は大切《たいせつ》だ」「～してほしい」、文頭《ぶんとう》では「大切《たいせつ》なのは～」「注意《ちゅうい》してほしいのは～」などの表現《ひょうげん》に注目《ちゅうもく》すると見《み》つけやすい。

第《だい》2章《しょう》

文章《ぶんしょう》の構成《こうせい》に注意《ちゅうい》して筆者《ひっしゃ》の言《い》いたいことを見《み》つけよう!

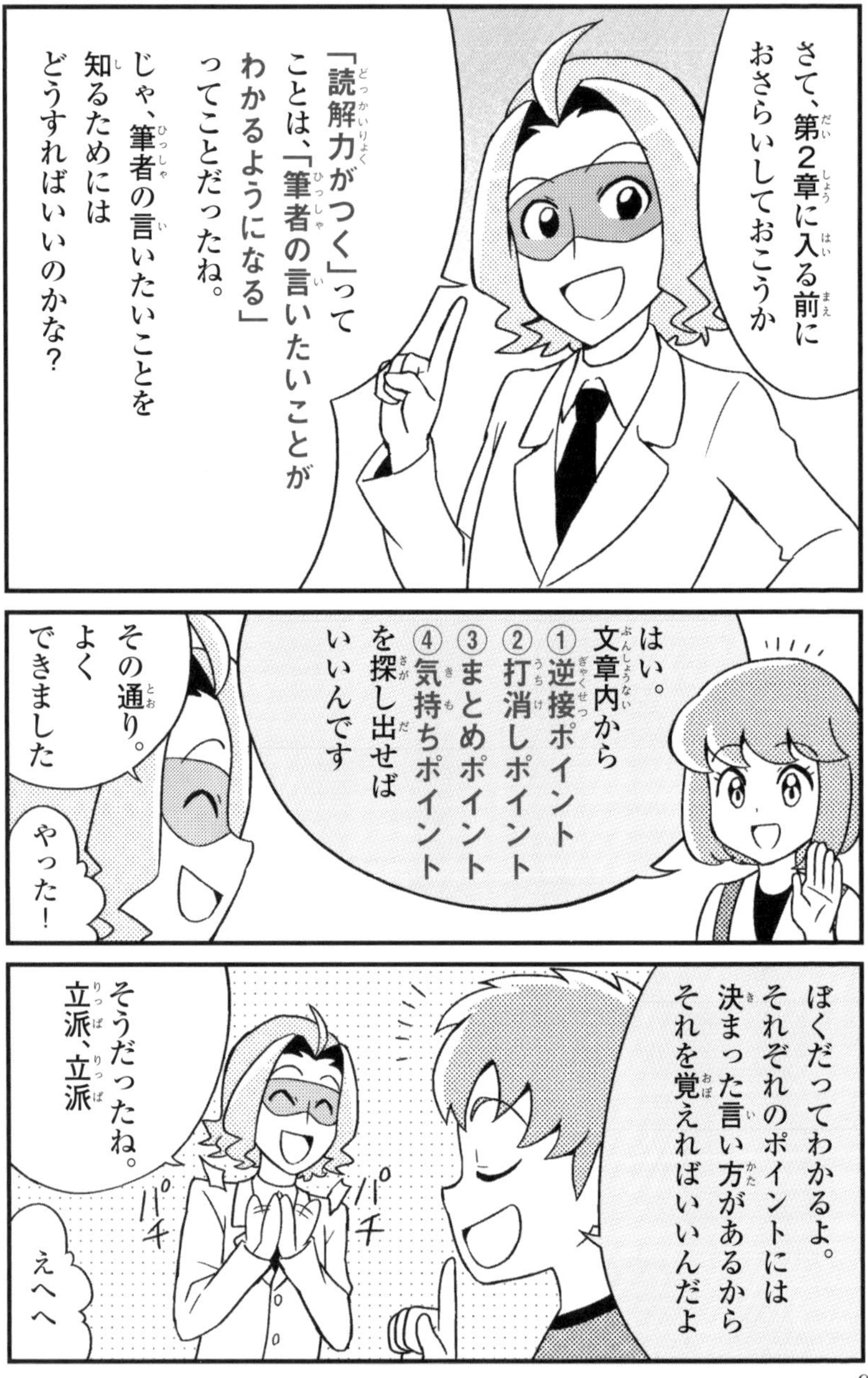
さて、第《だい》2章《しょう》に入《はい》る前《まえ》におさらいしておこうか
「読解力《どっかいりょく》がつく」ってことは、「筆者《ひっしゃ》の言《い》いたいことがわかるようになる」ってことだったね。
じゃ、筆者《ひっしゃ》の言《い》いたいことを知《し》るためにはどうすればいいのかな？
はい。文章内《ぶんしょうない》から①逆接《ぎゃくせつ》ポイント②打消《うちけ》しポイント③まとめポイント④気持《きも》ちポイントを探《さが》し出《だ》せばいいんです
その通《とお》り。よくできました
やった！
ぼくだってわかるよ。それぞれのポイントには決《き》まった言《い》い方《かた》があるからそれを覚《おぼ》えればいいんだよ
そうだったね。立派《りっぱ》、立派《りっぱ》
パチ
パチ
えへへ

でも、筆者《ひっしゃ》の言《い》いたいことを見《み》つけるには、もう1《ひと》つ方法《ほうほう》があるんだ
えっ？それはどんなのですか？
今《いま》までは言葉《ことば》に着目《ちゃくもく》したけれど今回《こんかい》は文章《ぶんしょう》の構成《こうせい》を見《み》るんだ
構成《こうせい》って？
文章《ぶんしょう》の組《く》み立《た》て方《かた》だよ。これを見《み》てごらん
❶具体例《ぐたいれい》
❷対比《たいひ》
❸疑問《ぎもん》
これはなんですか？

文章《ぶんしょう》の構成《こうせい》を表《あらわ》す言葉《ことば》だよ。著者《ちょしゃ》は自分《じぶん》の言《い》いたいことを伝《つた》えるためにあれこれ構成《こうせい》に工夫《くふう》をこらすんだ。その代表《だいひょう》がこの3つだよ

なんだかよく
わからないな
?
?
フフ
心配《しんぱい》しなくても大丈夫《だいじょうぶ》。
またスケモンたちが
登場《とうじょう》して、わかりやすく
教《おし》えてくれるからね
ほんと？
だったらいいや
どんなのか
楽《たの》しみです！
それじゃ
行《い》ってみようか！
めざせ、長文読解《ちょうぶんどっかい》マスター！
第《だい》２章《しょう》の始《はじ》まり、始《はじ》まり～!!
パチ
パチッ

5 時《じ》間《かん》目《め》

具《ぐ》体《たい》例《れい》を抜《ぬ》けば、筆者《ひっしゃ》の言《い》いたいことが見《み》えてくる。

5時間目《じかんめ》は、まず文章《ぶんしょう》の構成《こうせい》について理解《りかい》することから始《はじ》めよう
難《むずか》しい話《はなし》はやだなぁ
大丈夫《だいじょうぶ》！君《きみ》の生活《せいかつ》について聞《き》くだけだから
それどういうこと？
君《きみ》はこの間《あいだ》の日曜日《にちようび》は楽《たの》しかったかな？
日曜日《にちようび》…？うん、楽《たの》しかったよ
どうして楽《たの》しかったのか詳《くわ》しく説明《せつめい》してほしいな
えっと…それは…

朝寝坊《あさねぼう》できて
午前中《ごぜんちゅう》はゲームをして
午後《ごご》から友達《ともだち》と
サッカーして
夕飯《ゆうはん》は大好《だいす》きな
カレーだったからかな。
あと、TV《テレビ》でコナンの
映画《えいが》もやってたしね
ぺらぺら〜っ
いい感《かん》じだね。
じゃあ今《いま》のを
文章《ぶんしょう》にして
みよう
この間《あいだ》の日曜日《にちようび》は、朝寝坊《あさねぼう》できて、午前中《ごぜんちゅう》はゲームをして、午後《ごご》から友達《ともだち》とサッカーして、夕飯《ゆうはん》は大好《だいす》きなカレーで、TV《テレビ》でコナンの映画《えいが》もやってたから、とても楽《たの》しかった。
なんだか
恥《は》ずかしいな
遊《あそ》んでばかり
だもんね

この文章《ぶんしょう》の構成《こうせい》を分析《ぶんせき》するとこうなるんだ
ブー
❶この間《あいだ》の日曜日《にちようび》は
（話題設定《わだいせってい》）
❷朝寝坊《あさねぼう》できて、午前中《ごぜんちゅう》はゲームをして、午後《ごご》から友達《ともだち》とサッカーして、夕飯《ゆうはん》は大好《だいす》きなカレーで、TV《テレビ》でコナンの映画《えいが》もやってた
（具体例《ぐたいれい》による説明《せつめい》）
❸とても楽《たの》しかった
（筆者《ひっしゃ》の言《い》いたいこと）
まず最初《さいしょ》に『日曜日《にちようび》について述《の》べる』という話題《わだい》を出《だ》しておいて具体的《ぐたいてき》に何《なに》をしたのかという説明《せつめい》をしてから、『とても楽《たの》しかった』と述《の》べているんだ。つまり、この文章《ぶんしょう》は「話題設定《わだいせってい》→具体例《ぐたいれい》による説明《せつめい》→筆者《ひっしゃ》の言《い》いたいこと」という構成《こうせい》になっているんだよ
う〜ん…わかったようなわからないような…

すべてわからなくても途中《とちゅう》に具体例《ぐたいれい》が入《はい》っているのはわかったかな？
コクリ
うん、それはわかったよ
だったら大丈夫《だいじょうぶ》！筆者《ひっしゃ》は自分《じぶん》の言《い》いたいことをわかってもらうために具体例《ぐたいれい》をよく入《い》れるんだ
だから具体例《ぐたいれい》の部分《ぶぶん》を除《のぞ》くと筆者《ひっしゃ》の言《い》いたいことが見《み》えてくるんだよ
ほらね
この間《あいだ》の日曜日《にちようび》は、朝寝坊《あさねぼう》できて、午前中《ごぜんちゅう》はゲームをして、午後《ごご》から友達《ともだち》とサッカーして、夕飯《ゆうはん》は大好《だいす》きなカレーで、TV《テレビ》でコナンの映画《えいが》もやってたから、とても楽《たの》しかった。
具体例《ぐたいれい》を抜《ぬ》くと「この間《あいだ》の日曜《にちよう》日《び》はとても楽《たの》しかった」と、言《い》いたいことがはっきりする。

なるほど！だから第《だい》２章《しょう》は「文章《ぶんしょう》の構成《こうせい》に注意《ちゅうい》して筆者《ひっしゃ》の言《い》いたいことを見《み》つけよう！」なんですね
そういうこと。もう少《すこ》し詳《くわ》しく説明《せつめい》しよう

えっ？スケモンはまだなの？
次《つぎ》の文章《ぶんしょう》を読《よ》んでからね。
ここから具体例《ぐたいれい》を抜《ぬ》いてごらん

科学《かがく》は発展《はってん》を続《つづ》け、様々《さまざま》な技術革新《ぎじゅつかくしん》によって私《わたし》たちの生活《せいかつ》は変《か》わりつつあります。娯楽《ごらく》の中心《ちゅうしん》がテレビだった頃《ころ》は、家族《かぞく》が茶《ちゃ》の間《ま》に集《あつ》まってテレビを見《み》るのが普通《ふつう》でした。でも、今《いま》はインターネットやスマートフォンなどを使《つか》って、個人個人《こじんこじん》が楽《たの》しんでいます。子供《こども》の遊《あそ》びも同《おな》じです。かつてはみんなでかくれんぼや鬼《おに》ごっこをしていましたが、今《いま》では一人《ひとり》でゲームをすることが多《おお》くなっています。技術《ぎじゅつ》の発展《はってん》は、集団《しゅうだん》から個人《こじん》へと私《わたし》たちの暮《く》らしを変《か》えているのです。

少し《すこ》文章《ぶんしょう》が長《なが》くなるとめんどくさいな
むむ…
そんなときに役《やく》に立《た》つのがグータだよ
グータ?
具体例《ぐたいれい》を抜《ぬ》いてくれるスケモンだよ
いよいよスケモン登場《とうじょう》ですね。かわいいのがいいな
わくわく
そう言《い》われると困《こま》っちゃうな
どうしてですか?
??
グータは優秀《ゆうしゅう》なスケモンなんだけど性格《せいかく》がねぇ…
ともかく呼《よ》んでみようか
出《い》でよ!グータ…
ポチッ

シーーン…
あれ？ 出《で》てこないよ
キョロキョロ
はぁ
仕方《しかた》がない。みんなで呼《よ》んでみよう
出《い》でよ！グータ!!
出《い》でよ！グータ!!
ポンッ
グタ〜〜
ねみぃよ
だりぃな

なんだ、こいつ……
さてグータに働《はたら》いてもらおうかな
つんつん
グータ出番《でばん》だよ！
ぐぅう…だりぃな
ぽりぽり
グータ、やる気《き》あるのかな
こらーっ！しっかりやれ!!
ぐぅ？
だりぃけどしゃぁないか
むくり
お姉《ねえ》ちゃんの一言《ひとこと》で動《うご》きだしたよ
ふふ
ふぅ――……
様々《さまざま》な技術革新《ぎじゅつかくしん》
活は変《か》わりつつ
がテレビだった

ペタッ
あっ！
グータが文章《ぶんしょう》に貼《は》りついたら
文字《もじ》に色《いろ》がついたぞ
ペタ
ペタ
グータ
ごくろうさま
ふぅ
どうかな
これで

科学《かがく》は発展《はってん》を続《つづ》け、様々《さまざま》な技術革新《ぎじゅつかくしん》によって私《わたし》たちの生活《せいかつ》は変《か》わりつつあります。娯楽《ごらく》の中心《ちゅうしん》がテレビだった頃《ころ》は、家族《かぞく》が茶《ちゃ》の間《ま》に集《あつ》まってテレビを見《み》るのが普通《ふつう》でした。でも、今《いま》はインターネットやスマートフォンなどを使《つか》って、個人個人《こじんこじん》が楽《たの》しんでいます。子供《こども》の遊《あそ》びも同《おな》じです。かつてはみんなでかくれんぼや鬼《おに》ごっこをしていましたが、今《いま》では一人《ひとり》でゲームをすることが多《おお》くなっています。技術《ぎじゅつ》の発展《はってん》は、集団《しゅうだん》から個人《こじん》へと私《わたし》たちの暮《く》らしを変《か》えているのです。

取《と》り消《け》し線《せん》の入《はい》った部分《ぶぶん》が具体例《ぐたいれい》で赤《あか》がそれ以外《いがい》の部分《ぶぶん》だ
赤《あか》の部分《ぶぶん》をつなげると言《い》いたいことが見《み》えてくるだろ
科学《かがく》は発展《はってん》を続《つづ》け、様々《さまざま》な技術革新《ぎじゅつかくしん》によって私《わたし》たちの生《せい》活《かつ》は変《か》わりつつあります。技《ぎ》術《じゅつ》の発展《はってん》は、集団《しゅうだん》から個人《こじん》へと私《わたし》たちの暮《く》らしを変《か》えているのです。
すごくわかりやすいです。だからグータが役《やく》に立《た》つんですね
そういうこと
うん
うん
具体例《ぐたいれい》…
抜《ぬ》いたら要旨《ようし》が見《み》えてくる…
グタ～
ぐぅ…
またへばっちゃったよ
あはは…

グータのことは置《お》いといて次《つぎ》の文章《ぶんしょう》を見《み》てもらおうか
アハハ…
グタ〜

今《いま》、私《わたし》たちの国《くに》では大規模《だいきぼ》な自然破壊《しぜんはかい》が進《すす》んでいます。人々《ひとびと》が便利《べんり》さを求《もと》めて都市《とし》に住《す》むようになり、それまであった近郊《きんこう》の田園風景《でんえんふうけい》や雑木林《ぞうきばやし》は失《うしな》われつつあります。また、たくさんの工場《こうじょう》ができたために、産業排水《さんぎょうはいすい》などによって川《かわ》や海《うみ》が汚《よご》れ、野鳥《やちょう》や魚《さかな》や昆虫《こんちゅう》などが少《すく》なくなっています。

それればかりではありません。私《わたし》たちが多《おお》くの電力《でんりょく》を使《つか》うために原発《げんぱつ》が作《つく》られ、その結果《けっか》、事故《じこ》によって広《ひろ》い地域《ちいき》が放射能《ほうしゃのう》に汚染《おせん》されてしまいました。原発《げんぱつ》だけではなく、化石燃料《かせきねんりょう》の大量使用《たいりょうしよう》も酸性雨《さんせいう》や地球温暖化《ちきゅうおんだんか》といった問題《もんだい》を引《ひ》き起《お》こしています。酸性雨《さんせいう》は森林《しんりん》を荒廃《こうはい》させ、地球温暖化《ちきゅうおんだんか》によって生態系《せいたいけい》に大《おお》きな変化《へんか》が表《あらわ》れています。私《わたし》たちが自然《しぜん》を守《まも》るためには、今《いま》の生活《せいかつ》を見直《みなお》す必要《ひつよう》があるのです。

なにが言《い》いたいのかわかるかな？
長《なが》くて、よくわからないよ
原発《げんぱつ》とか地球温暖化《ちきゅうおんだんか》の問題《もんだい》ですか？
？？

違《ちが》うんだな。グータにお願《ねが》いしようか。
グータ出番《でばん》だよ
具体例《ぐたいれい》…
抜《ぬ》いたら要旨《ようし》が
見《み》えてくる…
パタッ
ぐぅ…
グター
これでどうかな。線《せん》で消《け》したところが具体《ぐたい》例《れい》で、赤《あか》の部分《ぶぶん》が言《い》いたいことだよ

今《いま》、私《わたし》たちの国《くに》では大規模《だいきぼ》な自然破壊《しぜんはかい》が進《すす》んでいます。人々《ひとびと》が便利《べんり》さを求《もと》めて都市《とし》に住《す》むようになり、それまであった近郊《きんこう》の田園風景《でんえんふうけい》や雑木林《ぞうきばやし》は失《うしな》われつつあります。また、たくさんの工場《こうじょう》ができたために、産業排水《さんぎょうはいすい》などによって川《かわ》や海《うみ》が汚《よご》れ、野鳥《やちょう》や魚《さかな》や昆虫《こんちゅう》などが少《すく》なくなっています。

そればかりではありません。私《わたし》たちが多《おお》くの電《でん》力《りょく》を使《つか》うために原発《げんぱつ》が作《つく》られ、その結果《けっか》、事故《じこ》によって広《ひろ》い地域《ちいき》が放射能《ほうしゃのう》に汚染《おせん》されてしまいました。原発《げんぱつ》だけではなく、化石燃料《かせきねんりょう》の大量使用《たいりょうしよう》も酸《さん》性雨《せいう》や地球温暖化《ちきゅうおんだんか》といった問題《もんだい》を引《ひ》き起《お》こしています。酸性雨《さんせいう》は森林《しんりん》を荒廃《こうはい》させ、地球温暖化《ちきゅうおんだんか》によって生態系《せいたいけい》に大《おお》きな変化《へんか》が表《あらわ》れています。私《わたし》たちが自然《しぜん》を守《まも》るためには、今《いま》の生活《せいかつ》を見直《みなお》す必要《ひつよう》があるのです。

えっ？たったこれだけですか？
そうだよ
原発《げんぱつ》や地球《ちきゅう》温暖化《おんだんか》は違《ちが》うんですか？
本文《ほんぶん》をよく読《よ》んでごらん。人々《ひとびと》が都市《とし》に集《あつ》まる問題《もんだい》、産業排水《さんぎょうはいすい》、原発《げんぱつ》、酸性雨《さんせいう》、地球温暖化《ちきゅうおんだんか》――
これらを通《とお》して『自然破壊《しぜんはかい》が進《すす》んでいるから、今《いま》の生活《せいかつ》を見直《みなお》す必要《ひつよう》がある』と言《い》ってるんだよ
なるほど！原発《げんぱつ》や地球温暖化《ちきゅうおんだんか》は具体例《ぐたいれい》の１《ひと》つなんですね
そういうこと！言《い》いたいことは具体例《ぐたいれい》を抜《ぬ》いた部分《ぶぶん》にあるからね
？？
でも、どうやって具体例《ぐたいれい》を見《み》つければいいの？

いい質問《しつもん》だね。これまでの例《れい》で説明《せつめい》しよう
まず言《い》いたいことと具体例《ぐたいれい》を分《わ》けるとこうなるんだ

言《い》いたいこと

- 日曜日《にちようび》はとても楽《たの》しかった。
- 技術《ぎじゅつ》の発展《はってん》は、集団《しゅうだん》から個人《こじん》へと私《わたし》たちの暮《く》らしを変《か》えている。
- 自然《しぜん》を守《まも》るために今《いま》の生活《せいかつ》を見直《みなお》す必要《ひつよう》がある。

具体例《ぐたいれい》

- ゲームやサッカーをした。
- 夕飯《ゆうはん》はカレーだった。
- 家族《かぞく》が茶《ちゃ》の間《ま》に集《あつ》まってテレビを見《み》る。
- 子供《こども》たちは一人《ひとり》でゲームをする。
- 産業排水《さんぎょうはいすい》などによって川《かわ》や海《うみ》が汚《よご》れている。
- 酸性雨《さんせいう》によって森林《しんりん》は荒廃《こうはい》している。

この2つはどう違《ちが》うと思《おも》う？
え〜と…
なにか違《ちが》うとは思《おも》うけど、言葉《ことば》にしにくいですね

簡単《かんたん》に言《い》うと
・「言《い》いたいことは、目《め》に見《み》えない」
・「具体例《ぐたいれい》は、目《め》に見《み》える」
ということだよ
そういえば確《たし》かに
説明文《せつめいぶん》で言《い》いたいことは自分《じぶん》の意見《いけん》や物事《ものごと》の説明《せつめい》だから、目《め》には見《み》えない。具体例《ぐたいれい》はそれを実際《じっさい》の物《もの》や行動《こうどう》で説明《せつめい》するわけだから、ほとんどが目《め》に見《み》えるんだよ
ほら
言《い》いたいこと
・日曜日《にちようび》はとても楽《たの》しかった。（気持《きも》ち）
・技術《ぎじゅつ》の発展《はってん》は、集団《しゅうだん》から個人《こじん》へと私《わたし》たちの暮《く》らしを変《か》えている。（状況《じょうきょう》の分析《ぶんせき》）
・自然《しぜん》を守《まも》るために今《いま》の生活《せいかつ》を見直《みなお》す必要《ひつよう》がある。（意見《いけん》）
どれも目《め》に見《み》えない。
具体例《ぐたいれい》
・ゲームやサッカーをした。
・夕飯《ゆうはん》はカレーだった。
・家族《かぞく》が茶《ちゃ》の間《ま》に集《あつ》まってテレビを見《み》る。
・子供《こども》たちは一人《ひとり》でゲームをする。
・産業排水《さんぎょうはいすい》などによって川《かわ》や海《うみ》が汚《よご》れている。
・酸性雨《さんせいう》によって森林《しんりん》は荒廃《こうはい》している。
どれも物《もの》や行動《こうどう》、状況《じょうきょう》として目《め》で見《み》ることができる。
なるほど
もちろん、すべてに当《あ》てはまるわけじゃないけど、こんな風《ふう》に考《かんが》えるとわかりやすいだろ？
たしかにそうですね

じゃあ、次《つぎ》のはどうだろう
少《すこ》し長《なが》いけどグータに頼《たの》まないで筆者《ひっしゃ》が言《い》いたい部分《ぶぶん》を見《み》つけてごらん

子供《こども》の頃《ころ》、ぼくは動物園《どうぶつえん》に行《い》くたびに、狭《せま》い檻《おり》に閉《と》じ込《こ》められた動物《どうぶつ》たちをかわいそうに思《おも》っていた。

しかし、大人《おとな》になって、テレビの取材《しゅざい》で何度《なんど》もアフリカに行《い》くようになってから、この気持《きも》ちは変《か》わった。野生動物《やせいどうぶつ》の近《ちか》くには常《つね》に敵《てき》がいるので、彼《かれ》らはいつ襲《おそ》われるかわからないという緊張《きんちょう》の中《なか》で生《い》きている。また、いつ餌《えさ》にありつけるかわからないから、生活《せいかつ》のほとんどを餌探《えささが》しに費《つい》やさなければならない。さらに天候《てんこう》や気温《きおん》などが刻々《こくこく》と変《か》わり、それに応《おう》じて居《きょ》住場所《じゅうばしょ》を変《か》えなければならない。一見《いっけん》、悠然《ゆうぜん》と見《み》える野生動物《やせいどうぶつ》たちは、過《か》酷《こく》な生存競争《せいぞんきょうそう》の場《ば》を生《い》きているのだ。

コンゴの奥地《おくち》にある保護地区《ほごちく》に行《い》った時《どき》、多《おお》くの動物《どうぶつ》たちの死骸《しがい》が転《ころ》がっているのを見《み》た。保護官《ほごかん》の話《はなし》によると、旱魃《かんばつ》(*)によって草木《くさき》が枯《か》れたために草食動物《そうしょくどうぶつ》が餓死《がし》し、その後《ご》に肉食動物《にくしょくどうぶつ》たちも死《し》に絶《た》えたという。大自然《だいしぜん》で生《い》きる過酷《かこく》さを見《み》せつけられる思《おも》いだった。

それに比《くら》べて、動物園《どうぶつえん》は食料《しょくりょう》も安全《あんぜん》も、快適《かいてき》な住《す》まいも確保《かくほ》されている。動物《どうぶつ》たちからすれば理想的《りそうてき》な環境《かんきょう》といってもいいほどだ。

(*) 旱魃《かんばつ》：雨《あめ》が降《ふ》らないなどの原因《げんいん》によって起《お》きる長期間《ちょうきかん》の水不足《みずぶそく》の状態《じょうたい》

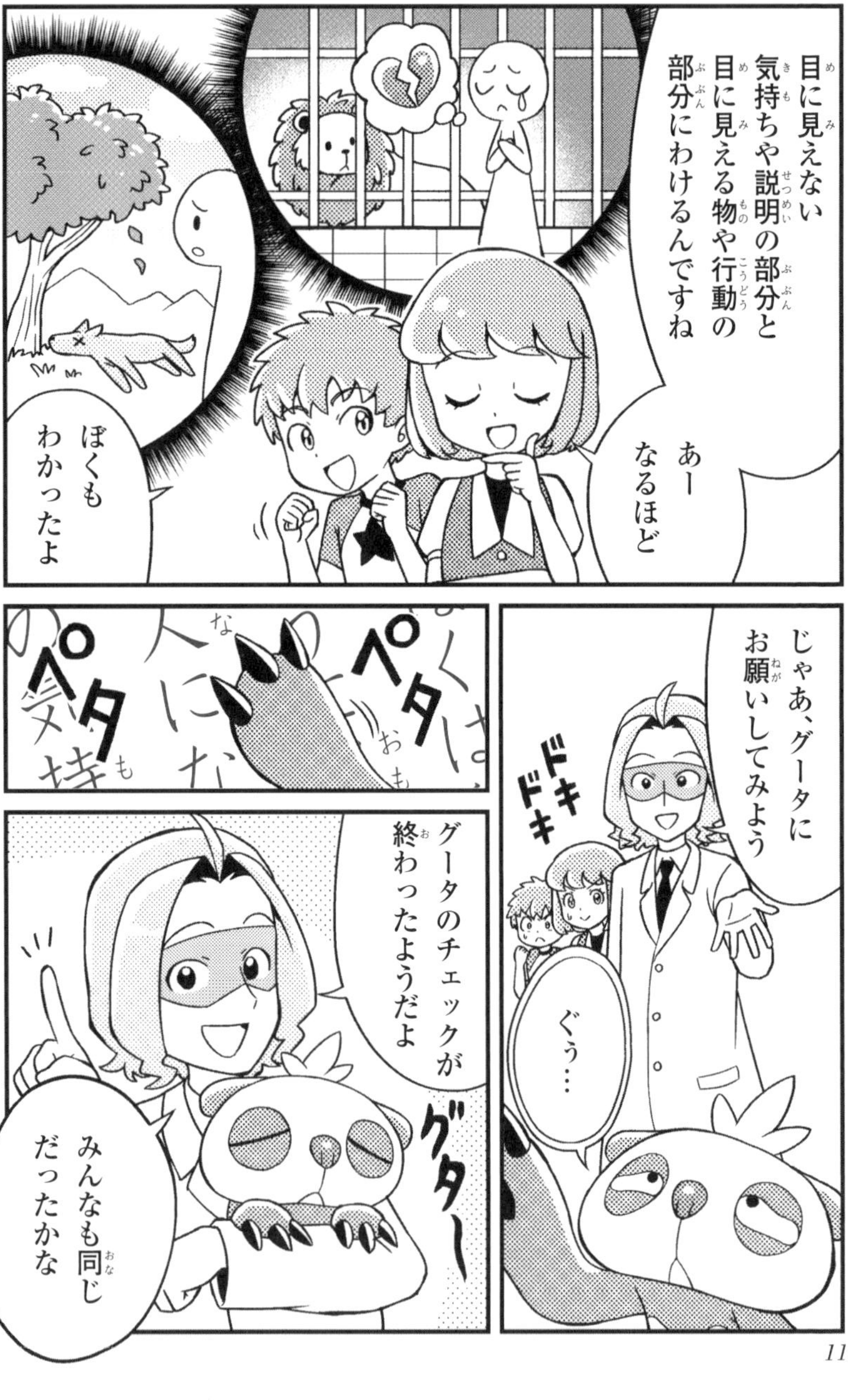
目《め》に見《み》えない気持《きも》ちや説明《せつめい》の部分《ぶぶん》と目《め》に見《み》える物《もの》や行動《こうどう》の部分《ぶぶん》にわけるんですね
あーなるほど
ぼくもわかったよ
じゃあ、グータにお願《ねが》いしてみよう
ドキドキ
ぐう…
ペタ
ペタ
グータのチェックが終《お》わったようだよ
グター
みんなも同《おな》じだったかな

子供《こども》の頃《ころ》、ぼくは動物園《どうぶつえん》に行《い》くたびに、狭《せま》い檻《おり》に閉《と》じ込《こ》められた動物《どうぶつ》たちをかわいそうに思《おも》っていた。

しかし、大人《おとな》になって、テレビの取材《しゅざい》で何度《なんど》もアフリカに行《い》くようになってから、この気持《きも》ちは変《か》わった。野生動物《やせいどうぶつ》の近《ちか》くには常《つね》に敵《てき》がいるので、彼《かれ》らはいつ襲《おそ》われるかわからないという緊張《きんちょう》の中《なか》で生《い》きている。また、いつ餌《えさ》にありつけるかわからないから、生活《せいかつ》のほとんどを餌探《えささが》しに費《つい》やさなければならない。さらに天候《てんこう》や気温《きおん》などが刻々《こくこく》と変《か》わり、それに応《おう》じて居《きょ》住場所《じゅうばしょ》を変《か》えなければならない。一見《いっけん》、悠然《ゆうぜん》と見《み》える野生動物《やせいどうぶつ》たちは、過《か》酷《こく》な生存競争《せいぞんきょうそう》の場《ば》を生《い》きているのだ。

コンゴの奥地《おくち》にある保護地区《ほごちく》に行《い》った時《とき》、多《おお》くの動物《どうぶつ》たちの死骸《しがい》が転《ころ》がっているのを見《み》た。保護官《ほごかん》の話《はなし》によると、旱魃《かんばつ》(*)によって草木《くさき》が枯《か》れたために草食動物《そうしょくどうぶつ》が餓死《がし》し、その後《ご》に肉食動物《にくしょくどうぶつ》たちも死《し》に絶《た》えたという。大自然《だいしぜん》で生《い》きる過酷《かこく》さを見《み》せつけられる思《おも》いだった。

それに比《くら》べて、動物園《どうぶつえん》は食料《しょくりょう》も安全《あんぜん》も、快適《かいてき》な住《す》まいも確保《かくほ》されている。動物《どうぶつ》たちからすれば理想的《りそうてき》な環境《かんきょう》といってもいいほどだ。

❶子供《こども》の頃《ころ》、ぼくは動物園《どうぶつえん》に行《い》くたびに、狭《せま》い檻《おり》に閉《と》じ込《こ》められた動物《どうぶつ》たちをかわいそうに思《おも》っていた。（気持《きも》ち）

❷しかし、大人《おとな》になって、テレビの取材《しゅざい》で何度《なんど》もアフリカに行《い》くようになってから、この気《き》持《も》ちは変《か》わった。（気持《きも》ち）

❸一見《いっけん》、悠然《ゆうぜん》と見《み》える野生動物《やせいどうぶつ》たちは、過酷《かこく》な生存競争《せいぞんきょうそう》の場《ば》を生《い》きているのだ。（状況《じょうきょう》の分析《ぶんせき》）

❹大自然《だいしぜん》で生《い》きる過酷《かこく》さを見《み》せつけられる思《おも》いだった。（気持《きも》ち）

❺それに比《くら》べて、動物園《どうぶつえん》は食料《しょくりょう》も安全《あんぜん》も、快適《かいてき》な住《す》まいも確保《かくほ》されている。動物《どうぶつ》たちからすれば理想的《りそうてき》な環境《かんきょう》といってもいいほどだ。（文章全体《ぶんしょうぜんたい》で言《い》いたいこと）

要《よう》は、動物園《どうぶつえん》は動物《どうぶつ》たちにとって理想的《りそうてき》な環境《かんきょう》だと言《い》ってるんだね。具体例《ぐたいれい》を抜《ぬ》くと、長《なが》い文章《ぶんしょう》も簡単《かんたん》に理解《りかい》できるだろ
どうぶつえん
スケモンって役《やく》に立《た》つんですね
あと、スケモンたちの口癖《くちぐせ》を覚《おぼ》えておくといいよ。スケモンの力《ちから》を借《か》りなくても自分《じぶん》の力《ちから》でできるようになるからね
じゃあ、やってみようか。「具体例《ぐたいれい》…抜《ぬ》いたら要旨《ようし》が…」
見《み》えてくる!!

はい、よくできました
最後《さいご》にまとめておこう
筆者《ひっしゃ》は自分《じぶん》の意見《いけん》をわかってもらうために、具体例《ぐたいれい》を述《の》べている。したがって、具体例《ぐたいれい》を抜《ぬ》けば、筆者《ひっしゃ》の言《い》いたいことが見《み》えてくる。具体例《ぐたいれい》は「物《もの》や動作《どうさ》など目《め》に見《み》えるもの」、言《い》いたい部分《ぶぶん》は「筆者《ひっしゃ》の気持《きも》ちや意見《いけん》、物事《ものごと》の説明《せつめい》や分析《ぶんせき》など目《め》に見《み》えないもの」である場合《ばあい》が多《おお》い。

6 時《じ》間《かん》目《め》

対比《たいひ》がわかれば、筆者《ひっしゃ》の言《い》いたいことが深《ふか》く理解《りかい》できる。

さて、6時間目《じかんめ》の課題《かだい》は「対比《たいひ》」を見《み》つけてより深《ふか》く作者《さくしゃ》の言《い》いたいことを理解《りかい》することだよ
対比《たいひ》って？
他《ほか》のものと比較《ひかく》して説明《せつめい》する方法《ほうほう》だよ
？？
よくわかりませんが…
じゃあ、簡単《かんたん》に説明《せつめい》してみよう。この2つの文章《ぶんしょう》を見《み》てごらん

❶近《ちか》くに新《あたら》しいラーメン屋《や》ができたので、ラーメンを食《た》べに行《い》きました。そしたら、そのラーメンのおいしいこと。スープにはコクがあって、麺《めん》はシコシコ、チャーシューはトロトロ（具体例《ぐたいれい》）。こんなおいしいラーメンは初《はじ》めてでした。

❷近《ちか》くに新《あたら》しいラーメン屋《や》ができたので、ラーメンを食《た》べに行《い》きました。そしたら、そのラーメンのおいしいこと。駅前《えきまえ》の有《ゆう》名店《めいてん》もおいしいですが、それよりはるかに上《うえ》でした（**対比《たいひ》**）。

筆者《ひっしゃ》は言《い》いたいことがあると様々《さまざま》な方法《ほうほう》を使《つか》って読者《どくしゃ》にわかってもらおうとするんだ。
ラーメンがおいしいことを伝《つた》える時《とき》には❶のように具体的《ぐたいてき》に説明《せつめい》したり、❷のように他店《たてん》と比較《ひかく》したりするだろ。この❷の方法《ほうほう》が対比《たいひ》だよ
じゅる…
ごくり
たしかに他《ほか》のお店《みせ》と比《くら》べると、どれほどおいしいのかイメージできます
そうだね。対比《たいひ》は効果的《こうかてき》な方法《ほうほう》だからいろんな場面《ばめん》で使《つか》われるんだ。
それを見《み》つけるのがターイヒだよ
ターイヒ？
そう。優秀《ゆうしゅう》なスケモンだけど気《き》が弱《よわ》くてね。何《なに》かあるとすぐに「退避《たいひ》」してしまうんだ
変《へん》なの。ギャクッチがつけた名前《なまえ》みたい
対比したらすぐ退避
なんちゃって

とにかく呼《よ》んでみようか！出《い》でよ！ターイヒ!!
ポンッ
もくもく…
あれ？なにもいないぞ
まだ来《き》てないんですか？
いや、煙《けむり》が出《で》たからいるはずだよ。臆病《おくびょう》なスケモンだからどこかに隠《かく》れてるんじゃないかな
キョロキョロ
どこだろ
ターイヒどこにいるの？
うーん…

あっ
先生《せんせい》の後《うし》ろ
えっ？
こそっ…
ヒョコ
パタパタ
わっ！かわいい!!
ダッ
ダメだよ、お姉《ねえ》ちゃん
手《て》を出《だ》したら
ビクッ

ビュンッ
あ〜あ
隠《かく》れちゃったよ。
だから言《い》ったのに
ハッ
ごめんなさい。
だって、かわいいんだもん
慣《な》れるまでは
少《すこ》し離《はな》れていた
方《ほう》がいいかもね
コクリ
じゃあ、さっきの文章《ぶんしょう》を使《つか》って
ターイヒの力《ちから》を見《み》てもらおうか。
ターイヒ
頼《たの》むよ
❷近《ちか》くに新《あたら》しいラーメン屋
ラーメンを食《た》べに行きま
きたので、
した
ら、そのラーメン
こと。駅
前《まえ》の有名店《ゆうめいてん》もお
ですか
れよ
りはるかに上《うえ》でした
フワーッ
パタ
パタ
スチャッ
対
なにをしてるの？
パタ
パタ
文章全体《ぶんしょうぜんたい》を見《み》てるんだよ。
対比《たいひ》は全体《ぜんたい》を見回《みまわ》さないと
見《み》つけられないからね

トン、ツーツー、トントン
ワレ対比《たいひ》ヲ発見《はっけん》セリ
モールス信号《しんごう》みたいですね
次《つぎ》をよく聞《き》いててね
(駅前《えきまえ》の有名店《ゆうめいてん》)ト(近《ちか》くの新《あたら》しいラーメン屋《や》)ヲ対比《たいひ》シ、(駅前《えきまえ》の有名店《ゆうめいてん》)ガおいしいことニ対《たい》シテ(近《ちか》くの新《あたら》しいラーメン屋《や》)ハはるかに上《うえ》であるコトヲ述《の》べテイル
…以上終了《いじょうしゅうりょう》
パタ
パタ
ヒュッ
ターイヒ!
あ、また先生《せんせい》の背中《せなか》に退避《たいひ》しちゃった

さて、ここで重要《じゅうよう》なのは今《いま》の言《い》い方《かた》なんだ
（　A　）と（　B　）を対比《たいひ》し、（　A　）が（　B　）であることに対《たい》して（　　）であることを述《の》べている。（波線部《はせんぶ》が重要《じゅうよう》）
対比《たいひ》というのは見《み》ればわかるけれど「筆者《ひっしゃ》はどちらについて、どんなことを述《の》べたいのか」を押《お》さえておかないと読《よ》み誤《あやま》ってしまうんだよ。これを見《み》ると、Bについて述《の》べていることがわかるだろ？だからこの言《い》い方《かた》をしっかりと覚《おぼ》えておくことが大切《たいせつ》なんだ
たしかに、この文章《ぶんしょう》は近《ちか》くの新《あたら》しいラーメン屋《や》さんについて書《か》いてますからね
へー

その通《とお》り！
じゃあ、もう1つ《ひと》
やってみよう

テレビはいつでもどこでも無料《むりょう》で見《み》ることができますが、周囲《しゅうい》には雑音《ざつおん》が多《おお》く、また何《なに》かをしながら見《み》ることも多《おお》いので、集中《しゅうちゅう》して見《み》ることができない場合《ばあい》があります。これに対《たい》して、映画《えいが》は有料《ゆうりょう》であり、映画館《えいがかん》という場所《ばしょ》と時間《じかん》の限定《げんてい》された場所《ばしょ》に行《い》かなくてはなりませんが、その分《ぶん》じっくりと鑑賞《かんしょう》することができます。

ヒョコ
あ、ターイヒが飛《と》び上《あ》がった
パタタタッ
パタパタ
トン、
ツーツー、
トントン

ワレ対比《たいひ》ヲ発見《はっけん》セリ。（テレビ）ト（映画《えいが》）ヲ対比《たいひ》シ、（テレビ）ガ集中《しゅうちゅう》して見《み》ることができない場合《ばあい》があるコトニ対《たい》シテ
（映画《えいが》）ハじっくりと鑑賞《かんしょう》できるコトヲ述《の》べテイル。
…以上終了《いじょうしゅうりょう》
ターイヒ！
ヒュッ
で、先生《せんせい》の後《うし》ろに退避《たいひ》しちゃうわけね
あはは…
これも短《みじか》い文章《ぶんしょう》だから言《い》いたいことはすぐにわかるけど、対比《たいひ》を押《お》さえると筆者《ひっしゃ》の考《かんが》えがより深《ふか》く理解《りかい》できるようになるだろ
う～ん深《ふか》いとまでは言《い》えないような…
もう少《すこ》し長《なが》い文章《ぶんしょう》だと、はっきりするよ。ここから対比《たいひ》を見《み》つけてごらん

みなさんは日本《にほん》の古《ふる》い家《いえ》を見《み》たことがありますか。少《すこ》し郊外《こうがい》に行《い》くと、瓦屋根《かわらやね》の家《いえ》が今《いま》でもたくさん残《のこ》っています。古《ふる》い家《いえ》に入《はい》ると、外《そと》に面《めん》している部分《ぶぶん》は障子戸《しょうじと》になっていて、壁《かべ》がありませんね。みなさんが住《す》んでいる家《いえ》は、ほとんどが西洋風《せいようふう》になっていて、外《そと》に面《めん》している部分《ぶぶん》は壁《かべ》でしきられ、そこに窓《まど》があいていると思《おも》います。

なぜ、日本《にほん》の古《ふる》い家屋《かおく》には壁《かべ》がないのでしょうか。ここには日本人《にほんじん》の自然《しぜん》に対《たい》する考《かんが》え方《かた》が現《あらわ》れています。日本《にほん》は四季折々《しきおりおり》の自然《しぜん》が豊《ゆた》かで、自然《しぜん》を大切《たいせつ》にする文化《ぶんか》が古《ふる》くからありました。八百万神《やおよろずのかみ》という言葉《ことば》を聞《き》いたことがありませんか。日本人《にほんじん》は自然《しぜん》には様々《さまざま》な神様《かみさま》がいるとして大切《たいせつ》に敬《うやま》ってきたのです。そのため、家《いえ》を作《つく》る際《さい》にも、自然《しぜん》と家《いえ》との間《あいだ》に壁《かべ》（しきり）を作《つく》らず、自然《しぜん》と一体《いったい》となるようにしました。

これに対《たい》して、自然環境《しぜんかんきょう》の厳《きび》しい西洋《せいよう》では、自然《しぜん》を人間《にんげん》と対立《たいりつ》するものと考《かんが》え、壁《かべ》によってしきりました。壁《かべ》の外《そと》がどのようであっても、壁《かべ》の中《なか》では快適《かいてき》に暮《く》らせるようにしたのです。そして、厳《きび》しい環境《かんきょう》で暮《く》らしていると、自然《しぜん》を神《かみ》として敬《うやま》うような気持《きも》ちは生《しょう》じませんから、人間《にんげん》の都合《つごう》のいいように自然《しぜん》に手《て》を加《くわ》え、改造《かいぞう》したりすることも当《あ》たり前《まえ》のように行《おこな》ってきました。

この違《ちが》いは、庭《にわ》の作《つく》り方《かた》にも現《あらわ》れています。西洋《せいよう》の庭《にわ》は、石《いし》を使《つか》い、木々《きぎ》の形《かたち》を変《か》えて芸術作品《げいじゅつさくひん》のように造形《ぞうけい》しますが、日本《にほん》の庭《にわ》は自然《しぜん》の景色《けしき》をそのまま再現《さいげん》しています。西洋《せいよう》で発達《はったつ》した噴水《ふんすい》が日本《にほん》であまり見《み》られないのも、自然《しぜん》を造形《ぞうけい》しようとする考《かんが》えがなかったからでしょう。自然《しぜん》を対立《たいりつ》するものと考《かんが》える西洋《せいよう》と、自然《しぜん》を敬《うやま》い一体化《いったいか》しようとする日本《にほん》との違《ちが》いは、さまざまな文化《ぶんか》に影響《えいきょう》を与《あた》えているのです。

今《いま》、自然破壊《しぜんはかい》の問題《もんだい》が緊急《きんきゅう》の課題《かだい》となっていますが、こういう時代《じだい》だからこそ日本人《にほんじん》の考《かんが》え方《かた》を大切《たいせつ》にしたいですね。

長《なが》く疲《つか》れるよ
ふぅ
でも、筆者《ひっしゃ》の言《い》いたいことはわかるだろ。まず、気持《きも》ちポイントに注意《ちゅうい》してごらん
最後《さいご》の部分《ぶぶん》ですね。「こそ」と「大切《たいせつ》にしたいですね」という気持《きも》ちが入《はい》っています
うん
うん
そう、そこだね
今《いま》、自然《しぜん》破壊《はかい》の問題《もんだい》が緊急《きんきゅう》の課題《かだい》となっていますが、こういう時代《じだい》だからこそ（気持《きも》ちポイント）日本人《にほんじん》の考《かんが》え方《かた》を大切《たいせつ》にしたいですね（気持《きも》ちポイント）。
じゃ、対比《たいひ》はわかるかな

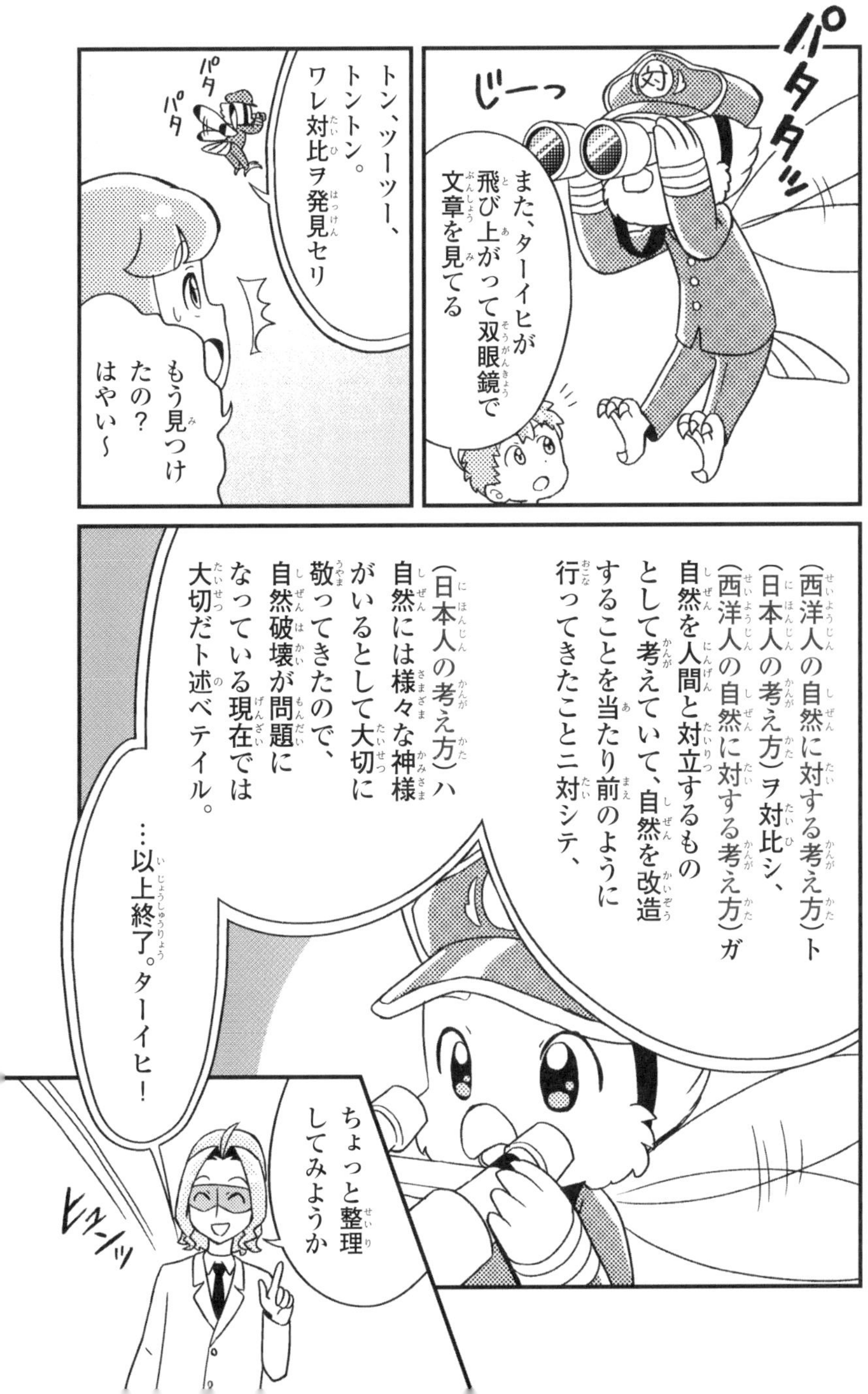
パタタッ
じーっ
また、ターイヒが飛《と》び上《あ》がって双眼鏡《そうがんきょう》で文章《ぶんしょう》を見《み》てる
パタ
パタ
トン、ツーツー、トントン。ワレ対比《たいひ》ヲ発見《はっけん》セリ
もう見《み》つけたの？はやい～
(西洋人《せいようじん》の自然《しぜん》に対《たい》する考《かんが》え方《かた》)ト(日本人《にほんじん》の考《かんが》え方《かた》)ヲ対比《たいひ》シ、(西洋人《せいようじん》の自然《しぜん》に対《たい》する考《かんが》え方《かた》)ガ自然《しぜん》を人間《にんげん》と対立《たいりつ》するものとして考《かんが》えていて、自然《しぜん》を改造《かいぞう》することを当《あ》たり前《まえ》のように行《おこな》ってきたことニ対《たい》シテ、(日本人《にほんじん》の考《かんが》え方《かた》)ハ自然《しぜん》には様々《さまざま》な神様《かみさま》がいるとして大切《たいせつ》に敬《うやま》ってきたので、自然破壊《しぜんはかい》が問題《もんだい》になっている現在《げんざい》では大切《たいせつ》だト述《の》ベテイル。
…以上終了《いじょうしゅうりょう》。ターイヒ！
ヒュンッ
ちょっと整理《せいり》してみようか

❶最後《さいご》に書《か》いてある筆者《ひっしゃ》の言《い》いたい部分《ぶぶん》

自然《しぜん》破壊《はかい》の問題《もんだい》が緊急《きんきゅう》の課題《かだい》となっている時代《じだい》だからこそ、日本人《にほんじん》の考《かんが》え方《かた》を大切《たいせつ》にしたい。

＋

❷ターイヒによるまとめ

★西洋人《せいようじん》の自然《しぜん》に対《たい》する考《かんが》え

自然《しぜん》を対立《たいりつ》するものと考《かんが》え、自然《しぜん》を改造《かいぞう》することを当《あ》たり前《まえ》のように行《おこな》ってきた。

↔（対比《たいひ》）

★日本人《にほんじん》の自然《しぜん》に対《たい》する考《かんが》え

自然《しぜん》には様々《さまざま》な神様《かみさま》がいるとして大切《たいせつ》に敬《うやま》ってきた。

←

全体《ぜんたい》のまとめ

自然《しぜん》破壊《はかい》が問題《もんだい》になっている現在《げんざい》では、自然《しぜん》には様々《さまざま》な神様《かみさま》がいるとして、自然《しぜん》を大切《たいせつ》に敬《うやま》ってきた日本人《にほんじん》の考《かんが》え方《かた》が大切《たいせつ》だ。

どうかな？これでよくわかるんじゃないかな？
たしかに！対比《たいひ》をはっきりさせると全体《ぜんたい》の内容《ないよう》がよくわかりますね

そういうこと。文章《ぶんしょう》を理解《りかい》するには、筆者《ひっしゃ》の言《い》いたい部分《ぶぶん》を抜《ぬ》き出《だ》すだけじゃなくて、構成《こうせい》を考《かんが》えることが大事《だいじ》なんだよ。わかったかな？
よくわかりました
ヒョコッ
ワカッテクレテ ボク、ウレシイ
ターイヒがしゃべった！
かわいい！
スッ…
手《て》を出《だ》しちゃダメだよ！
パタパタ

トッ
…あ
ターイヒがお姉《ねえ》ちゃんの手《て》に乗《の》った！
理解《りかい》してくれたから、警戒《けいかい》を解《と》いたんだよ
よかったね

ずいっ
これがターイヒか。
近《ちか》くで見《み》ると、かわいいな
ビクッ
ターイヒ!!
ヒュッ
あっ
あちゃ～
また逃《に》げちゃった
人《ひと》を見《み》てるのね
ひどいよ
お姉《ねえ》ちゃん
まぁまぁ

ふふ
じょうだんよ
じゃあ、まとめてみよう
筆者《ひっしゃ》は自分《じぶん》の主張《しゅちょう》をわかりやすくするために、他《ほか》のものと比較《ひかく》して説明《せつめい》する場合《ばあい》がある。これを対比《たいひ》という。
対比《たいひ》は「（A）と（B）を対比《たいひ》し、（A）が（　）であることに対《たい》して、（B）は（　）であることを述《の》べている（波線部《はせんぶ》が重要《じゅうよう》）」という図式《ずしき》で理解《りかい》すると、文章《ぶんしょう》の理解《りかい》が深《ふか》まる。

7 時間目《じかんめ》

疑問《ぎもん》を見《み》つけて答《こた》えを探《さが》せば、筆者《ひっしゃ》の言《い》いたいことがすぐにわかる。

いよいよ最後《さいご》ですね。なんだかわくわくしてきました。勉強《べんきょう》がこんなに楽《たの》しいなんて初《はじ》めてです
ぼくもだよ!
スケモンをあと1匹《いっぴき》ゲットしたら本当《ほんとう》に長文読解《ちょうぶんどっかい》マスターになれるんだよね?
もちろんだよ
わ〜い楽《たの》しみ!国語《こくご》ができるようになったら、みんなに自慢《じまん》してやろうっと
私《わたし》も今度《こんど》のテストが楽《たの》しみです
わ〜い
その前《まえ》に2人《ふたり》にはなぜ国語《こくご》を勉強《べんきょう》しなければいけないのかをよく考《かんが》えてもらいたいな
次《つぎ》の文章《ぶんしょう》を読《よ》んで考《かんが》えてみてね

なぜ、国語《こくご》の勉強《べんきょう》をする必要《ひつよう》があるのだろうか。受験《じゅけん》があるからという人《ひと》も、国語《こくご》が苦手《にがて》だからという人《ひと》もいるだろう。しかし、国語《こくご》を勉強《べんきょう》する目的《もくてき》はそれだけではない。

例《たと》えば、国語《こくご》ができないまま社会人《しゃかいじん》になった時《とき》のことを考《かんが》えてみよう。本《ほん》や新聞《しんぶん》が読《よ》めないと、社会《しゃかい》の動《うご》きがわからない。会社《かいしゃ》に入《はい》っても、書類《しょるい》や資料《しりょう》が読《よ》めないのでは仕事《しごと》にならない。国語《こくご》ができない人《ひと》は、仕事《しごと》もできないのだ。

それだけではない。人《ひと》と人《ひと》との関《かか》わりは、会話《かいわ》から成《な》り立《た》っている。その会話《かいわ》がうまくできないと、自分《じぶん》の気持《きも》ちを伝《つた》えられなかったり、人《ひと》の気持《きも》ちを誤解《ごかい》したりして、人間関係《にんげんかんけい》が悪《わる》くなるだろう。恋愛《れんあい》においても、会話《かいわ》やメールのやり取《と》りから始《はじ》まるので、国語力《こくごりょく》が必要《ひつよう》になる。

さらに、文化《ぶんか》という面《めん》でも国語力《こくごりょく》は重要《じゅうよう》だ。文章《ぶんしょう》がわからなければ、本《ほん》が読《よ》めない。テレビやマンガも、会話《かいわ》という文章《ぶんしょう》から成《な》り立《た》っているので、深《ふか》く理解《りかい》することができないだろう。

つまり、われわれが文章《ぶんしょう》を使《つか》って生活《せいかつ》をしている以上《いじょう》、文章《ぶんしょう》が理解《りかい》できないと、豊《ゆた》かな生活《せいかつ》を送《おく》ることはできないのだ。国語《こくご》を勉強《べんきょう》する意味《いみ》はそこにある。

うっ
何《なに》か胸《むね》に
グサッとくるな
それは、この文章《ぶんしょう》の言《い》いたいことがわかっているからだよ。筆者《ひっしゃ》の言《い》いたいことはどこに書《か》かれているのかな？

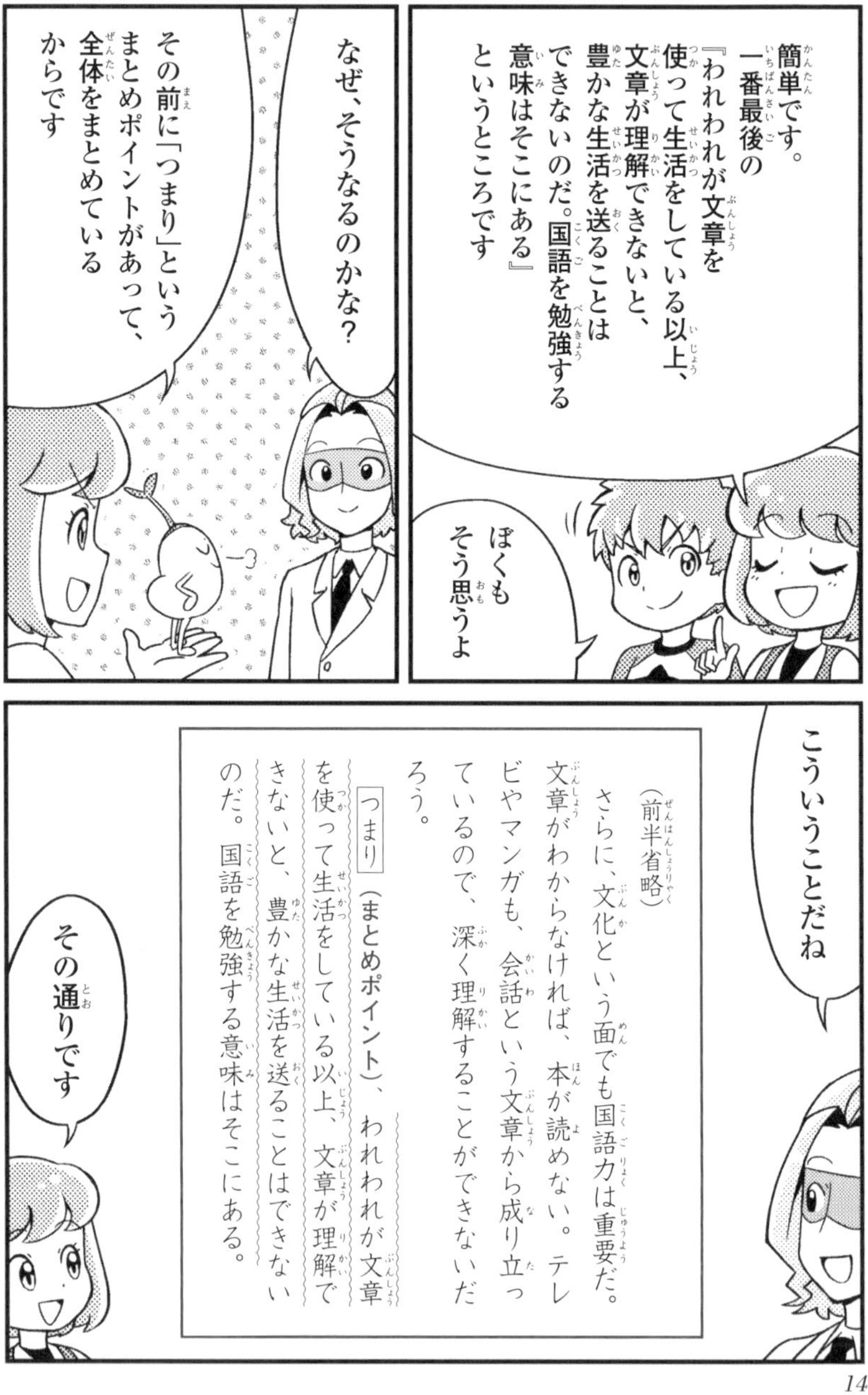
簡単《かんたん》です。一番最後《いちばんさいご》の『われわれが文章《ぶんしょう》を使《つか》って生活《せいかつ》をしている以上《いじょう》、文章《ぶんしょう》が理解《りかい》できないと、豊《ゆた》かな生活《せいかつ》を送《おく》ることはできないのだ。国語《こくご》を勉強《べんきょう》する意味《いみ》はそこにある』というところです
ぼくもそう思《おも》うよ
なぜ、そうなるのかな?
その前《まえ》に「つまり」というまとめポイントがあって、全体《ぜんたい》をまとめているからです
こういうことだね
（前半省略《ぜんはんしょうりゃく》）
さらに、文化《ぶんか》という面《めん》でも国語力《こくごりょく》は重要《じゅうよう》だ。文章《ぶんしょう》がわからなければ、本《ほん》が読《よ》めない。テレビやマンガも、会話《かいわ》という文章《ぶんしょう》から成《な》り立《た》っているので、深《ふか》く理解《りかい》することができないだろう。
つまり（まとめポイント）、われわれが文章《ぶんしょう》を使《つか》って生活《せいかつ》をしている以上《いじょう》、文章《ぶんしょう》が理解《りかい》できないと、豊《ゆた》かな生活《せいかつ》を送《おく》ることはできないのだ。国語《こくご》を勉強《べんきょう》する意味《いみ》はそこにある。
その通《とお》りです

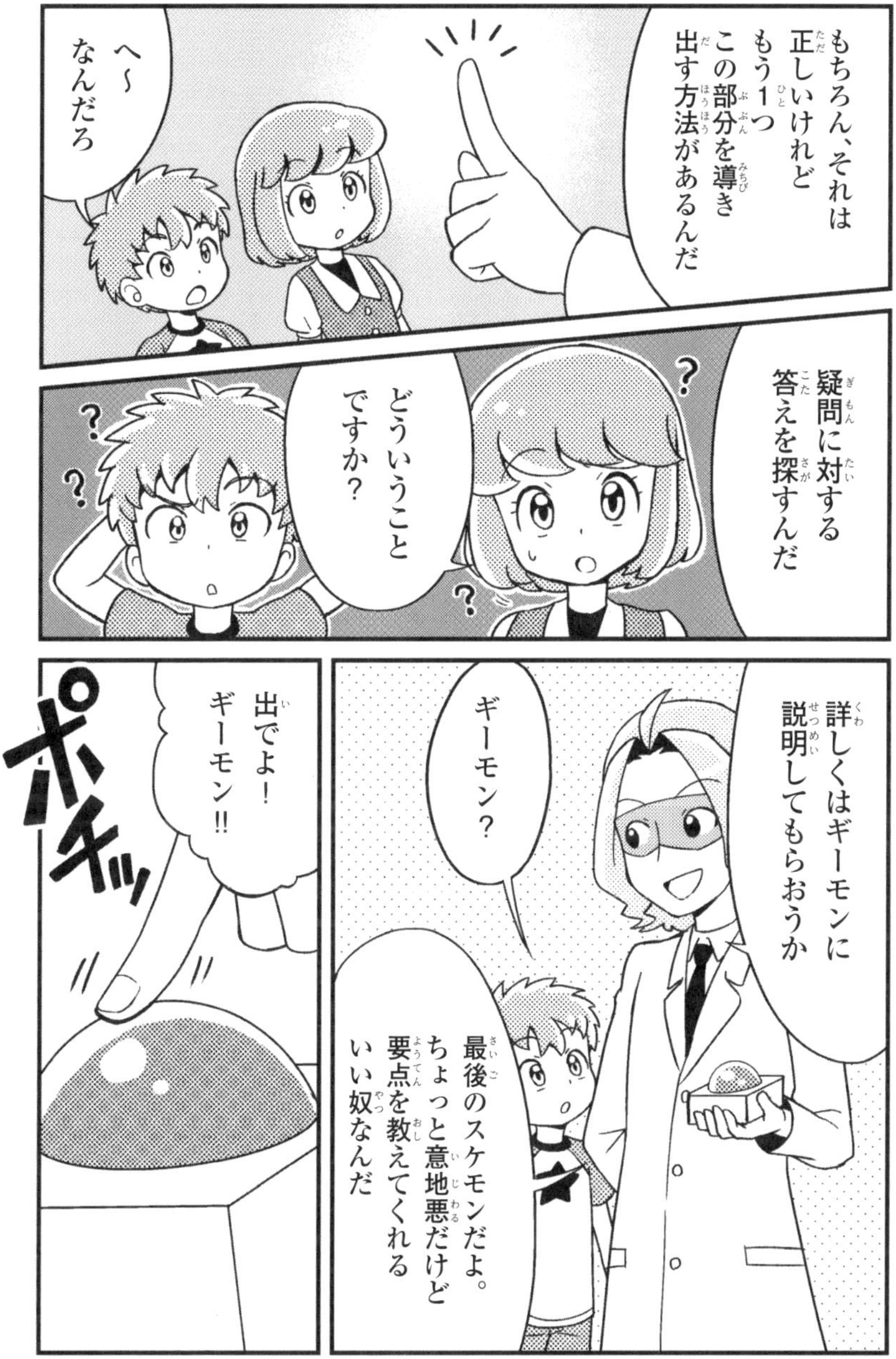
もちろん、それは正《ただ》しいけれどもう1《ひと》つこの部分《ぶぶん》を導《みちび》き出《だ》す方法《ほうほう》があるんだ
へ〜なんだろ
疑問《ぎもん》に対《たい》する答《こた》えを探《さが》すんだ
どういうことですか？
詳《くわ》しくはギーモンに説明《せつめい》してもらおうか
ギーモン？
最後《さいご》のスケモンだよ。ちょっと意地悪《いじわる》だけど要点《ようてん》を教《おし》えてくれるいい奴《やつ》なんだ
出《い》でよ！ギーモン!!
ポチッ

ポーン!!
こ、これがギーモン
おぉ…
ちょっと怖《こわ》い感《かん》じもしますね
デーモン（悪魔《あくま》）の親戚《しんせき》だからね

ぼく、ギーモン。なんでもかんでも疑問《ぎもん》を持《も》っちゃうモン
ニコッ
答《こた》えられなかったらお仕置《しお》きするモン
ニヤァ…
え〜っやだよ!!
さっそくギーモンの読解法《どっかいほう》を教《おし》えてもらえるかな
わかったモン。お仕置《しお》き楽《たの》しみだモン。フフフ
だから、やだって
あの、お仕置《しお》きなしはダメなんですか
オロ
オロ
ギーモンの質問《しつもん》に答《こた》えればいいんだよ。だから頑張《がんば》って
ひそ
ひそ
じゃ始《はじ》めるモン
ペラッ

この文章《ぶんしょう》のはじめに『なぜ、国語《こくご》の勉強《べんきょう》をする必要《ひつよう》があるのだろうか』という疑問《ぎもん》があるモン
はい…
カチ
コチ

疑問《ぎもん》を出《だ》すのは、筆者《ひっしゃ》が問題意識《もんだいいしき》を持《も》っているということだモン。だから、それについてあれこれ書《か》いた後《あと》、最後《さいご》に疑問《ぎもん》の答《こた》えを持《も》ってくるんだモン
この答《こた》えが筆者《ひっしゃ》の一番言《いちばんい》いたいことだモン

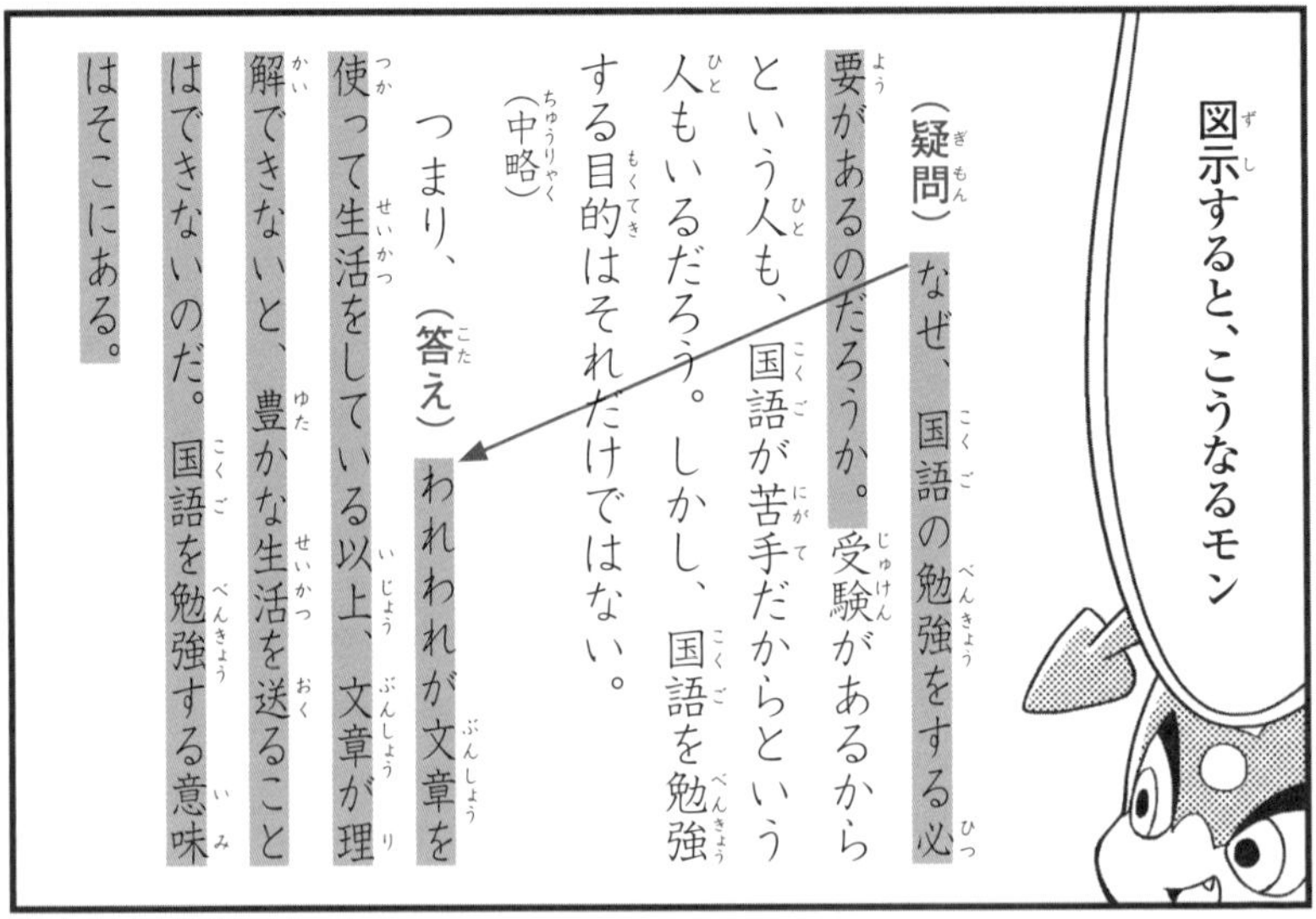
図示《ずし》すると、こうなるモン
（疑問《ぎもん》）なぜ、国語《こくご》の勉強《べんきょう》をする必要《ひつよう》があるのだろうか。受験《じゅけん》があるからという人《ひと》も、国語《こくご》が苦手《にがて》だからという人《ひと》もいるだろう。しかし、国語《こくご》を勉強《べんきょう》する目的《もくてき》はそれだけではない。
（中略《ちゅうりゃく》）
つまり、（答《こた》え）われわれが文章《ぶんしょう》を使《つか》って生活《せいかつ》をしている以上《いじょう》、文章《ぶんしょう》が理解《りかい》できないと、豊《ゆた》かな生活《せいかつ》を送《おく》ることはできないのだ。国語《こくご》を勉強《べんきょう》する意味《いみ》はそこにある。

わかりました。疑問《ぎもん》の答《こた》えの部分《ぶぶん》が筆者《ひっしゃ》の言《い》いたいことになるのですね
ぼくも、わかりましたです。はい！
カチ
コチ
のみこみが早《はや》いようだから、問題《もんだい》に行《い》くモン
できなかったらお仕置《しお》きだモン
は、はい〜！
ぴし〜っ!!

問《とい》　次《つぎ》の文章《ぶんしょう》を読《よ》んで、疑問《ぎもん》の部分《ぶぶん》とその答《こた》えの部分《ぶぶん》を抜《ぬ》き出《だ》しなさい。

昨日《きのう》、新《あたら》しくできたラーメン屋《や》さんにラーメンを食《た》べに行《い》きました。そしたら、そのラーメンのおいしいこと。もう本当《ほんとう》に舌《した》がとろけそうでした。

おいしさの秘訣《ひけつ》は何《なん》だと思《おも》いますか。麺《めん》ではありません。チャーシューでもありません。トッピングの卵《たまご》でもありません。実《じつ》は、焼《や》いたネギにあるんです。焼《や》いたネギの香《かお》りが広《ひろ》がって、スープのコクを増《ま》しているんです。

な、なんですか この問題《もんだい》は？
えっ？ これは変《へん》だモン。
こんな問題《もんだい》を 作《つく》った覚《おぼ》えは ないモン
これ簡単《かんたん》だよ。疑問《ぎもん》と答《こた》えを抜《ぬ》き出《だ》せばいいんでしょ
ほらね
昨日《きのう》、新《あたら》しくできたラーメン屋《や》さんにラーメンを食《た》べに行《い》きました。そしたら、そのラーメンのおいしいこと。もう本当《ほんとう》に舌《した》がとろけそうでした。（疑問《ぎもん》）おいしさの秘訣《ひけつ》は何《なん》だと思《おも》いますか。麺《めん》ではありません。チャーシューでもありません。トッピングの卵《たまご》でもありません。（答《こた》え）実《じつ》は、焼《や》いたネギにあるんです。焼《や》いたネギの香《かお》りが広《ひろ》がって、スープのコクを増《ま》しているんです。
おいしさの秘訣《ひけつ》は焼《や》いたネギにあってその香《かお》りが広《ひろ》がってスープにコクを増《ま》している、というんでしょ。
簡単《かんたん》、簡単《かんたん》。
お仕置《しお》きはなしだよね

こ、これはぼくの作《つく》った問題《もんだい》じゃないモン。
どこからこんなふざけた問題《もんだい》が出《で》てきたんだモン
あ、ごめん。ぼくのファイルから出《で》ちゃったかかな？
ラーメンを使《つか》った例文《れいぶん》をたくさん作《つく》ってたからね。アハハ
カチーン
先生《せんせい》でもそんなミスは許《ゆる》さないモン
お仕《し》置《お》きだモン!!
ビビビ
あちゃ、ちゃ
ちゃ、ちゃ…

先生《せんせい》、大丈夫《だいじょうぶ》ですか？
ひぇ〜
ごめんなさい
ぼ、ぼくはもうダメだ…。
あ、あとは君《きみ》たちだけで…
頼《たの》む…
がくっ
けほ
せ、
先生《せんせい》…
気《き》を失《うしな》っちゃったよ。
お仕置《しお》きこわ〜い！
じゃあ、これから本当《ほんとう》の問題《もんだい》を出《だ》すモン
答《こた》えられなかったら先生《せんせい》と同《おな》じになるモン
ニヤ
ぞっ…
は、は〜い…

問《とい》　次《つぎ》の文章《ぶんしょう》を読《よ》んで、疑問《ぎもん》と答《こた》えの関係《かんけい》を抜《ぬ》き出《だ》し、本文《ほんぶん》で言《い》いたいことをまとめなさい。

お正月《しょうがつ》には、大人《おとな》はお酒《さけ》を飲《の》んだりごちそうを食《た》べたりしながら、楽《たの》しそうにしているよね。親戚《しんせき》がたくさん集《あつ》まるようなときには正直《しょうじき》、子《こ》どもとしては、ごはんを食《た》べ終《お》わってしまうとたいくつだ。なのに、大人《おとな》は何時間《なんじかん》も飲《の》んだり食《た》べたりしつづけている。

大人《おとな》って、なんでお酒《さけ》を飲《の》むんだろう。親戚《しんせき》のおばさんたちが「いつまで飲《の》むのかしら」ってため息《いき》をついているのを聞《き》いたことも、あるかもね。

疑問《ぎもん》に思《おも》ったら、聞《き》いてみよう。たぶん、こんな答《こた》えが返《かえ》ってくるだろう。「楽《たの》しいからだよ」「久《ひさ》しぶりに会《あ》ったみんなだから、たくさん話《はな》したいんだよ」う〜ん、それはわかるけど……。子《こ》どもがそんな顔《かお》をしていたら、大人《おとな》はこういうんだ。「大人《おとな》になったら、わかるよ」ってね。

きっと、そんな大人《おとな》も子《こ》どものころには「大人《おとな》ってなんでお酒《さけ》を飲《の》むんだろう」と思《おも》っていたんだよね。でも、大人《おとな》になったらわかったんだ。親《した》しい人《ひと》といっしょにすごす時間《じかん》の大切《たいせつ》さを。そのときに、お酒《さけ》や食事《しょくじ》が心《こころ》をやわらかくしてくれる、その力《ちから》をね。

毎日小学生新聞《まいにちしょうがくせいしんぶん》　2016年《ねん》1月《がつ》5日《いつか》号《ごう》　辰巳《たつみ》渚《なぎさ》『自立《じりつ》のすすめ マイルール』より

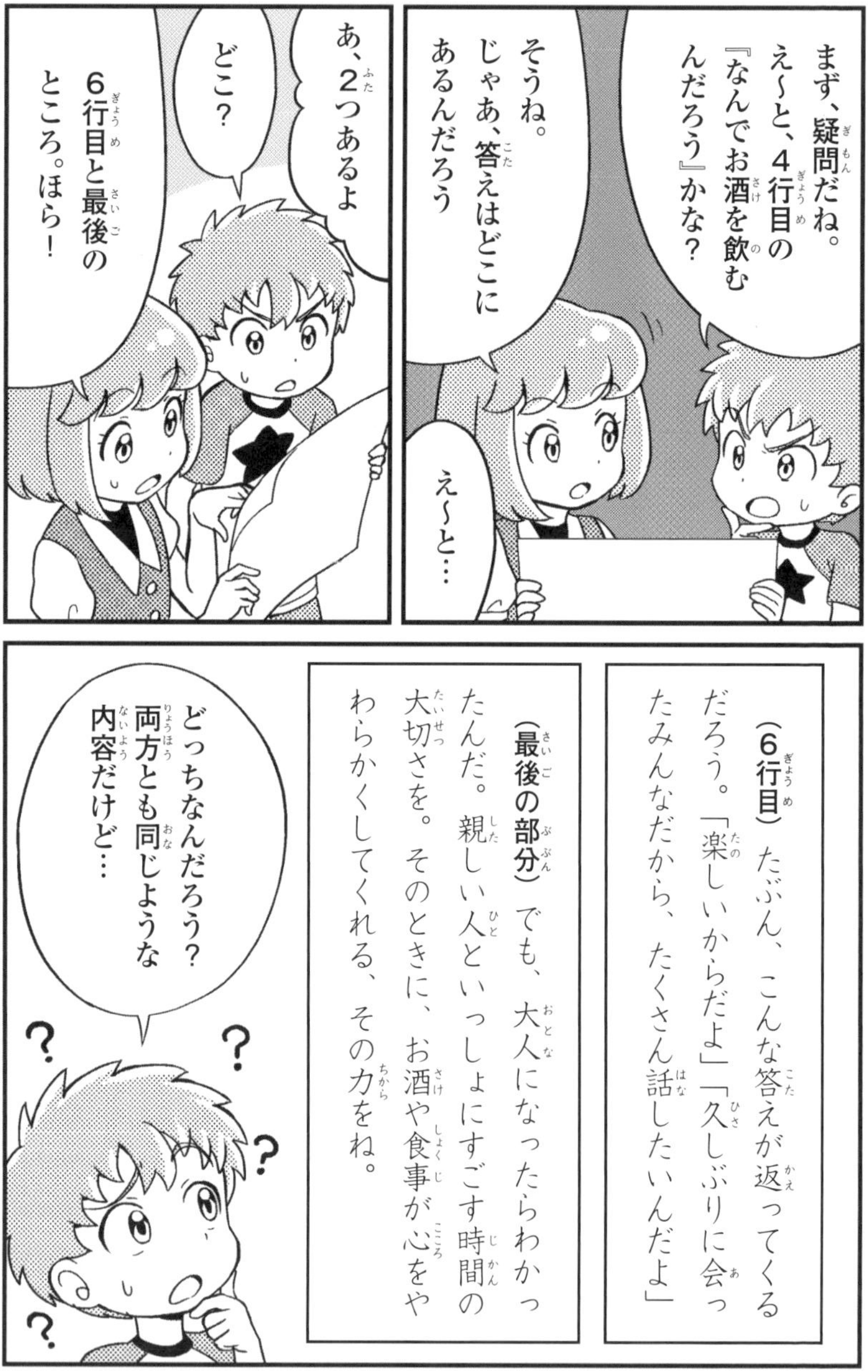
まず、疑問《ぎもん》だね。え〜と、4行目《ぎょうめ》の『なんでお酒《さけ》を飲《の》むんだろう』かな？

そうね。じゃあ、答《こた》えはどこにあるんだろう
え〜と…

あ、2《ふた》つあるよ
どこ？

6行目《ぎょうめ》と最後《さいご》のところ。ほら！

（6行目《ぎょうめ》）たぶん、こんな答《こた》えが返《かえ》ってくるだろう。「楽《たの》しいからだよ」「久《ひさ》しぶりに会《あ》ったみんなだから、たくさん話《はな》したいんだよ」

（最後《さいご》の部分《ぶぶん》）でも、大人《おとな》になったらわかったんだ。親《した》しい人《ひと》といっしょにすごす時間《じかん》の大切《たいせつ》さを。そのときに、お酒《さけ》や食事《しょくじ》が心《こころ》をやわらかくしてくれる、その力《ちから》をね。

どっちなんだろう？両方《りょうほう》とも同《おな》じような内容《ないよう》だけど…

？？？

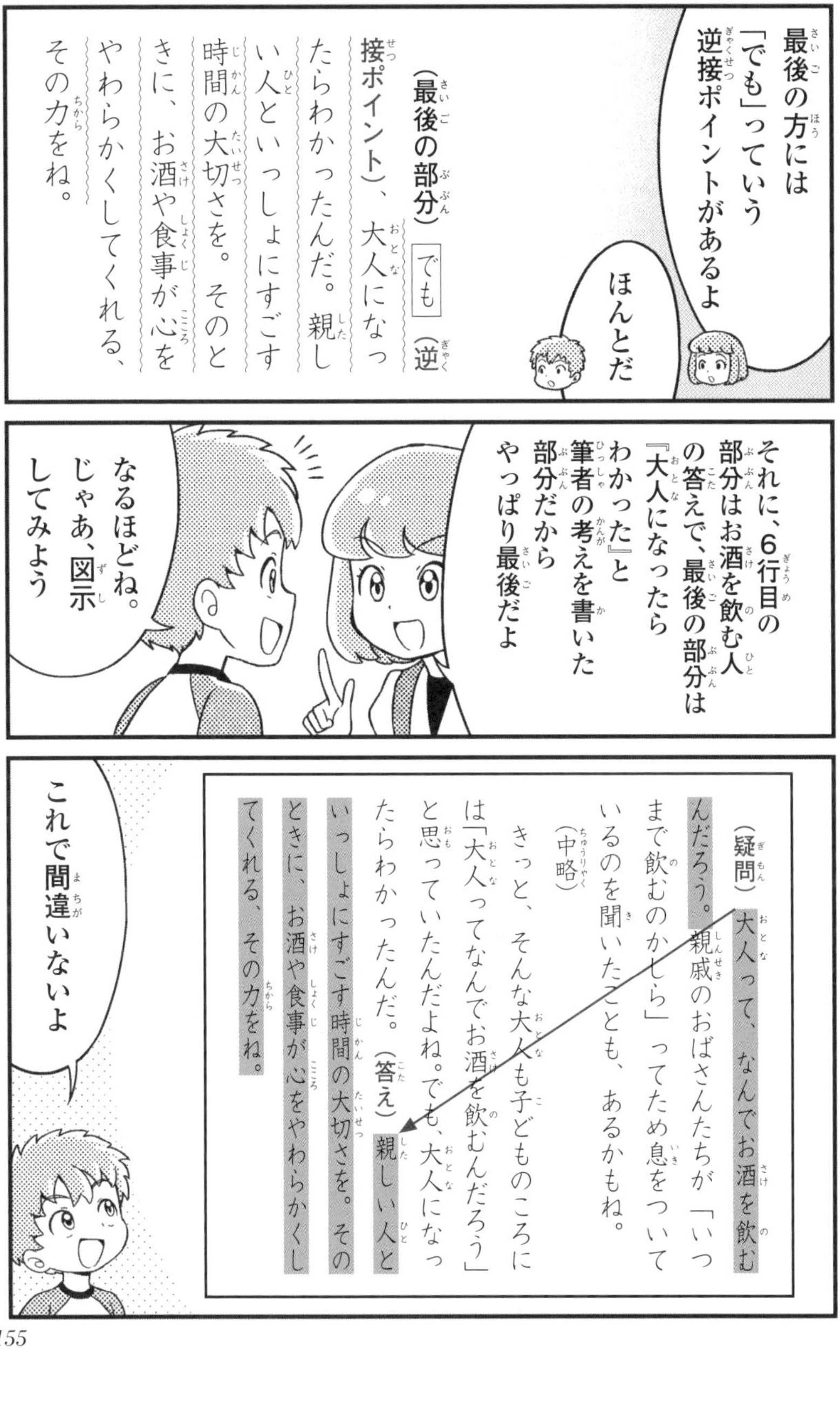

最後《さいご》の方《ほう》には「でも」っていう逆接《ぎゃくせつ》ポイントがあるよ
ほんとだ
（最後《さいご》の部分《ぶぶん》）でも（逆《ぎゃく》接《せつ》ポイント）、大人《おとな》になったらわかったんだ。親《した》しい人《ひと》といっしょにすごす時間《じかん》の大切《たいせつ》さを。そのときに、お酒《さけ》や食事《しょくじ》が心《こころ》をやわらかくしてくれる、その力《ちから》をね。
それに、6行目《ぎょうめ》の部分《ぶぶん》はお酒《さけ》を飲《の》む人《ひと》の答《こた》えで、最後《さいご》の部分《ぶぶん》は『大人《おとな》になったらわかった』と筆者《ひっしゃ》の考《かんが》えを書《か》いた部分《ぶぶん》だからやっぱり最後《さいご》だよ
なるほどね。じゃあ、図示《ずし》してみよう
（疑問《ぎもん》）大人《おとな》って、なんでお酒《さけ》を飲《の》むんだろう。親戚《しんせき》のおばさんたちが「いつまで飲《の》むのかしら」ってため息《いき》をついているのを聞《き》いたことも、あるかもね。
（中略《ちゅうりゃく》）
きっと、そんな大人《おとな》も子《こ》どものころには「大人《おとな》ってなんでお酒《さけ》を飲《の》むんだろう」と思《おも》っていたんだよね。でも、大人《おとな》になったらわかったんだ。（答《こた》え）親《した》しい人《ひと》といっしょにすごす時間《じかん》の大切《たいせつ》さを。そのときに、お酒《さけ》や食事《しょくじ》が心《こころ》をやわらかくしてくれる、その力《ちから》をね。
これで間違《まちが》いないよ

筆者《ひっしゃ》の言《い》いたいことをまとめてみるわね。

疑問《ぎもん》は『大人《おとな》はなぜお酒《さけ》を飲《の》むのか』。

答《こた》えは『親《した》しい人《ひと》といっしょにすごす時間《じかん》が大切《たいせつ》だ』と『そのときに、お酒《さけ》は心《こころ》をやわらかくしてくれる力《ちから》がある』。

だから、この2つ《ふた》をつなげたものが答《こた》えのはずよ
そっか。よし、ギーモンに見《み》せてみよう。答《こた》えは…

これです!

大人《おとな》がお酒《さけ》を飲《の》むのは、親《した》しい人《ひと》といっしょにすごす時間《じかん》が大切《たいせつ》であり、そのときお酒《さけ》は心《こころ》をやわらかくしてくれる力《ちから》があるからだ。

……
じーっ
ドキドキ
…悔《くや》しいけど正解《せいかい》
やった！
じゃあ次《つぎ》に行《い》くモン。今度《こんど》はもっと難《むずか》しくなるモン
ニヤァ
え～!?

問《とい》　次《つぎ》の文章《ぶんしょう》を読《よ》んで、疑問《ぎもん》と答《こた》えの関係《かんけい》を抜《ぬ》き出《だ》し、本文《ほんぶん》で言《い》いたいことをまとめなさい。

先日《せんじつ》、東京《とうきょう》の下町《したまち》に行《い》ってカメラをかまえていた。そこは都心《としん》から近《ちか》いにもかかわらず、平屋《ひらや》の木造住宅《もくぞうじゅうたく》が集《あつ》まっており、古《ふる》き良《よ》き昭和《しょうわ》の面影《おもかげ》を残《のこ》していた。写真《しゃしん》をとるために下町《したまち》を訪《たず》ねたわけではないのだが、思《おも》わずカメラを向《む》けてしまったのだ。

そのとき、近《ちか》くにいた子供《こども》たちが集《あつ》まってきて「おじさん、何《なに》をとってるの」という。「何《なに》って、この光景《こうけい》だよ」というと、子供《こども》たちは不思議《ふしぎ》そうな顔《かお》をして、「ここのどこがいいの」「何《なに》も面白《おもしろ》くないよ」と口《くち》ぐちにいう。「こういう風景《ふうけい》は今《いま》の東京《とうきょう》に残《のこ》されていないだろ」といっても納得《なっとく》していないようである。

そのとき、ふと思《おも》ったのは、なぜ私《わたし》はこの風景《ふうけい》に引《ひ》きつけられたか、ということだ。古《ふる》い街並《まちな》みが新鮮《しんせん》に感《かん》じられたという、ただそれだけではないような気《き》がしたのである。

考《かんが》えてみれば、私《わたし》が下町《したまち》の風景《ふうけい》にひかれたのは珍《めずら》しさからではない。そこには幼《おさな》い日々《ひび》を思《おも》い起《お》こさせる「力《ちから》」のようなものを感《かん》じたからだ。

昭和《しょうわ》30年代《ねんだい》、まだ日本《にほん》が豊《ゆた》かではなかった頃《ころ》、私《わたし》は地方都市《ちほうとし》の、やはりこのような町《まち》に住《す》んでいた。あえて思《おも》い出《だ》そうとしなくても、当時《とうじ》の様子《ようす》がありありとよみがえってくる。どろんこ遊《あそ》びをしていた自分《じぶん》や母《はは》の声《こえ》、夕飯《ゆうはん》のおかず、納豆《なっとう》や豆腐《とうふ》売《う》りの声《こえ》、夕焼《ゆうや》け…。下町《したまち》の住宅街《じゅうたくがい》に足《あし》を踏《ふ》み入《い》れたとき、知《し》らぬうちに私《わたし》の心《こころ》はその世界《せかい》に入《はい》っていたのかもしれない。だからこそ、私《わたし》はカメラを向《む》けたのだろう。

下町《したまち》に住《す》む子供《こども》たちにとってその空間《くうかん》は現在《げんざい》であり、懐《なつ》かしさを感《かん》じさせるものではない。だが、私《わたし》にとっては心《こころ》の奥《おく》にしまいこんでいた原風景《げんふうけい》を思《おも》い出《だ》させるものだったのだ。

つまり、人家《じんか》や街並《まちな》みは単《たん》なる風景《ふうけい》ではなく、人《ひと》の心《こころ》と結《むす》びついた「文化的《ぶんかてき》な景観《けいかん》」といえるのではないだろうか。

長《なが》いなぁ
こういう時《とき》は一度全部読《いちどぜんぶよ》んでから、グータで具体例《ぐたいれい》を抜《ぬ》いてみようか
「具体例《ぐたいれい》…抜《ぬ》いたら要旨《ようし》が、見《み》えてくる」だね
具体例《ぐたいれい》は目《め》に見《み》えることだから主《おも》に前半《ぜんはん》にあるわ。これかしら？

先日《せんじつ》、東京《とうきょう》の下町《したまち》に行《い》ってカメラをかまえていた。そこは都心《としん》から近《ちか》いにもかかわらず、平《ひら》屋《や》の木造住宅《もくぞうじゅうたく》が集《あつ》まっており、古《ふる》き良《よ》き昭和《しょうわ》の面影《おもかげ》を残《のこ》していた。写真《しゃしん》をとるために下町《したまち》を訪《たず》ねたわけではないのだが、思《おも》わずカメラを向《む》けてしまったのだ。

そのとき、近《ちか》くにいた子供《こども》たちが集《あつ》まってきて「おじさん、何《なに》をとってるの」という。「何《なに》って、この光景《こうけい》だよ」というと、子供《こども》たちは不思議《ふしぎ》そうな顔《かお》をして、「ここのどこがいいの」「何《なに》も面《おも》白《しろ》くないよ」と口《くち》ぐちにいう。「こういう風景《ふうけい》は今《いま》の東京《とうきょう》に残《のこ》されていないだろ」といっても納得《なっとく》していないようである。

この具体例《ぐたいれい》を抜《ぬ》いて、文章《ぶんしょう》を並《なら》べてみよう

❶そのとき、ふと思《おも》ったのは、なぜ私《わたし》はこの風景《ふうけい》に引《ひ》きつけられたか、ということだ。古《ふる》い街並《まちな》みが新《しん》鮮《せん》に感《かん》じられたという、ただそれだけではないような気《き》がしたのである。

❷考《かんが》えてみれば、私《わたし》が下町《したまち》の風景《ふうけい》にひかれたのは珍《めずら》しさからではない（打消《うちけ》しポイント）。そこには幼《おさな》い日々《ひび》を思《おも》い起《お》こさせる「力《ちから》」のようなものを感《かん》じたからだ。

❸昭和《しょうわ》30年代《ねんだい》、まだ日本《にほん》が豊《ゆた》かではなかった頃《ころ》、私《わたし》は地方都市《ちほうとし》の、やはりこのような町《まち》に住《す》んでいた。あえて思《おも》い出《だ》そうとしなくても、当時《とうじ》の様子《ようす》がありありとよみがえってくる。(※)どろんこ遊《あそ》びをしていた自分《じぶん》や母《はは》の声《こえ》、夕飯《ゆうはん》のおかず、納豆《なっとう》や豆腐《とうふ》売《う》りの声《こえ》、夕焼《ゆうや》け。下町《したまち》の住宅街《じゅうたくがい》に足《あし》を踏《ふ》み入《い》れたとき、知《し》らぬうちに私《わたし》の心《こころ》はその世界《せかい》に入《はい》っていたのかもしれない。だからこそ（気持《きも》ちポイント）、私《わたし》はカメラを向《む》けたのだろう。（(※)取《と》り消《け》し線《せん》の部分《ぶぶん》は具体例《ぐたいれい》）

❹下町《したまち》に住《す》む子供《こども》たちにとってその空間《くうかん》は現在《げんざい》であり、懐《なつ》かしさを感《かん》じさせるものではない（打消《うちけ》しポイント）。だが（逆接《ぎゃくせつ》ポイント）、私《わたし》にとっては心《こころ》の奥《おく》にしまいこんでいた原風景《げんふうけい》を思《おも》い出《だ》させるものだったのだ。

❺つまり（まとめポイント）、人家《じんか》や街並《まちな》みは単《たん》なる風景《ふうけい》ではなく（打消《うちけ》しポイント）、人《ひと》の心《こころ》と結《むす》びついた「文化的《ぶんかてき》な景観《けいかん》」といえるのではないだろうか。

❷の文章《ぶんしょう》には
打消《うちけ》しポイントの
「ない」があるから
『そこ(下町《したまち》の住宅街《じゅうたくがい》)には
幼《おさな》い日々《ひび》を思《おも》い起《お》こさせる
「力《ちから》」のようなものを
感《かん》じたからだ』
っていう部分《ぶぶん》は
筆者《ひっしゃ》の言《い》いたいことの
1《ひと》つね。
それから、疑問《ぎもん》は
どこにあるかというと…
あ、❶の中《なか》に
疑問《ぎもん》を見《み》つけたよ。
『なぜ私《わたし》はこの風景《ふうけい》に
引《ひ》きつけられたか』
じゃない？
そうね。『幼《おさな》い
日々《ひび》を思《おも》い起《お》こさせる
「力《ちから》」のようなものを
感《かん》じたからだ』
が答《こた》えになってるわね
それから
❸には気持《きも》ちポイントが
❹には打消《うちけ》しポイントと
逆接《ぎゃくせつ》ポイントが
❺にはまとめポイントと
打消《うちけ》しポイントが
あるよ
じゃあ、❶~❺の
重要箇所《じゅうようかしょ》を
整理《せいり》してみようか

❶なぜ私《わたし》はこの風景《ふうけい》に引《ひ》きつけられたか。

←

❷そこには幼《おさな》い日々《ひび》を思《おも》い起《お》こさせる「力《ちから》」のようなものを感《かん》じたからだ。

←

❸だからこそ、私《わたし》はカメラを向《む》けたのだろう。

←

❹私《わたし》にとっては心《こころ》の奥《おく》にしまいこんでいた原風《げんふう》景《けい》を思《おも》い出《だ》させるものだったのだ。

←

❺（人家《じんか》や街並《まちな》みは）人《ひと》の心《こころ》と結《むす》びついた「文《ぶん》化的《かてき》な景観《けいかん》」といえるのではないだろうか。

疑問《ぎもん》に対《たい》して答《こた》えが2《ふた》つあるね。
❷の『幼《おさな》い日々《ひび》を思《おも》い起《お》こさせる「力《ちから》」のようなものを感《かん》じた』と
❹の『心《こころ》の奥《おく》にしまいこんでいた原風景《げんふうけい》を思《おも》い出《だ》させるものだった』と…
そう。2《ふた》つとも同《おな》じことを言《い》ってるね。それから筆者《ひっしゃ》は『人《ひと》の心《こころ》と結《むす》びついた「文化的《ぶんかてき》な景観《けいかん》」といえるのではないだろうか』とまとめているわね。図示《ずし》してみようか

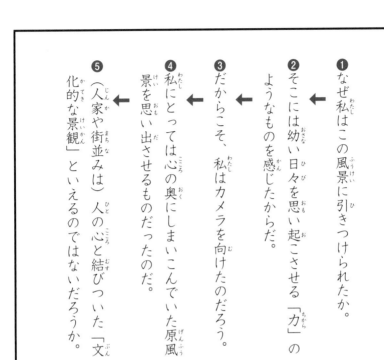

(疑問《ぎもん》)なぜ私《わたし》はこの風景《ふうけい》に引《ひ》きつけられたか。

(答《こた》え)幼《おさな》い日々《ひび》を思《おも》い起《お》こさせる「力《ちから》」のようなものを感《かん》じたからだ。

私《わたし》にとっては心《こころ》の奥《おく》にしまいこんでいた原風景《げんふうけい》を思《おも》い出《だ》させるものだったのだ。

(まとめ)[つまり](まとめポイント)、人家《じんか》や街並《まちな》みは単《たん》なる風景《ふうけい》では[なく](打消《うちけ》しポイント)、人《ひと》の心《こころ》と結《むす》びついた「文化的《ぶんかてき》な景観《けいかん》」といえるのではないだろうか。

私《わたし》が下町《したまち》の風景《ふうけい》に引《ひ》きつけられたのは、幼《おさな》い日々《ひび》の原風景《げんふうけい》を思《おも》い出《だ》させるものだったからだ。人家《じんか》や街並《まちな》みは、人《ひと》の心《こころ》と結《むす》びついた「文化的《ぶんかてき》な景観《けいかん》」といえるのではないか。

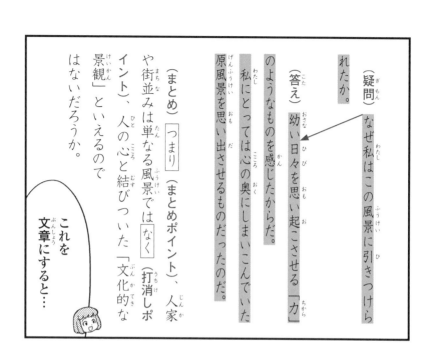

これでいいい?
いいと思《おも》うよ。
ギーモンに
見《み》せてみよう
もう
見《み》たモン
フワ
フワ
ギクッ…
で、どう
ですか…?
ペラッ
……
ゴゴゴゴゴ…
ドキドキ
ドキドキ
ゴゴゴ

よくできたモン♡
君《きみ》たちにはお仕置《しお》きしないかわりに、ほめほめするモン♡
ぱああっ
やったー!!
よかったーお仕置《しお》きされなくて
ほっ
これで、みんなはぼくをマスターしたモン
キラ
キラ
ぼくうれしいモン

わっ！ギーモンが頭《あたま》の中《なか》に入《はい》ってきた
なでなで
頭《あたま》をなでなでしてるよ
先生《せんせい》、できましたよ。先生《せんせい》……
ゆさゆさ
仕方《しかた》ないからぼくがまとめるモン
筆者《ひっしゃ》は疑問文《ぎもんぶん》を使《つか》って問題提起《もんだいていき》を行《おこな》い、それについて詳《くわ》しく述《の》べた後《あと》に、答《こた》えによって自分《じぶん》の主張《しゅちょう》を述《の》べている。したがって、疑問《ぎもん》に対《たい》する答《こた》えの部分《ぶぶん》が筆者《ひっしゃ》の言《い》いたいことである。

とうとう全部《ぜんぶ》終《お》わっちゃったね。ぼくたち本当《ほんとう》に長文読解《ちょうぶんどっかい》マスターになれたのかな？
当《あ》たり前《まえ》だよ。スケモンをすべてゲットしたんだからね
パン
パン
あれ？ 先生《せんせい》!!
気《き》を失《うしな》ってたんじゃ…
フフ…ちょっと芝居《しばい》をしていただけだよ
ギーモンが活躍《かつやく》できるようにね！
う…ごほっごほっ…
本当《ほんとう》ですか？
全身《ぜんしん》ヨレヨレなんだけど
そんなことはいいの。う、ごほっ…

それより、みんなが長文読解《ちょうぶんどっかい》
マスターになれたか
試《ため》してみよう
どうやって
ですか？
こうする
んだよ
ポチッ
カッ
うわっ!!
ま、まぶしい
光《ひかり》が…
目《め》が
開《あ》けられません!!
キラ
キラ
キラ

第《だい》3章《しょう》

ゲットしたスケモンを使《つか》って中《ちゅう》学《がく》入《にゅう》試《し》問《もん》題《だい》を解《と》いてみよう！

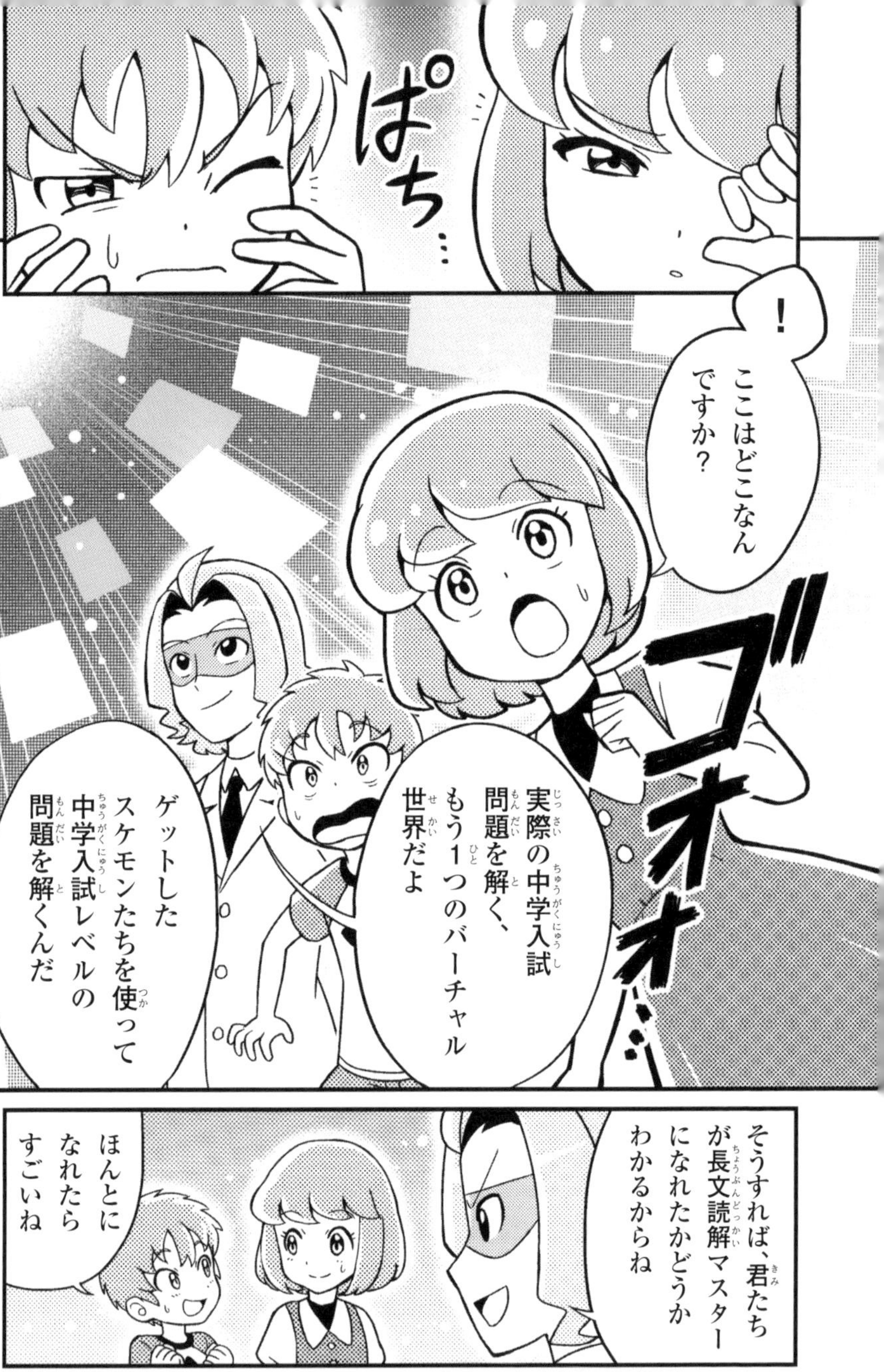
ぱち…
!
ここはどこなんですか?
ゴォォ…
実際《じっさい》の中学入試《ちゅうがくにゅうし》問題《もんだい》を解《と》く、もう1《ひと》つのバーチャル世界《せかい》だよ
ゲットしたスケモンたちを使《つか》って中学入試《ちゅうがくにゅうし》レベルの問題《もんだい》を解《と》くんだ
そうすれば、君《きみ》たちが長文読解《ちょうぶんどっかい》マスターになれたかどうかわかるからね
ほんとになれたらすごいね

僕《ぼく》が用意《ようい》した問題《もんだい》を解《と》いたらわかるよ。今回《こんかい》は偏差値《へんさち》60以上《いじょう》の難関中学《なんかんちゅうがく》の入試問題《にゅうしもんだい》を5問《もん》、選《えら》んだからね
ピラッ
難関
えーっ!?
そんな難《むずか》しい中学《ちゅうがく》の問題《もんだい》なんて無理《むり》です!!
実《じつ》はトップレベルの超難関校《ちょうなんかんこう》からも選《えら》んであるんだ
ピラッ
超難関
難関
うわーっ、そんなの解《と》けないよー!!
大丈夫《だいじょうぶ》!!!

君《きみ》たちにはスケモンがついてる！
絶対《ぜったい》に解《と》けるはずだよ
さぁ読者《どくしゃ》のみんなも解《と》いてみてね！

練習問題

問題《もんだい》1

次《つぎ》の文章《ぶんしょう》を読《よ》んで後《あと》の問《と》いに答《こた》えなさい。

①「世間《せけん》」の構造《こうぞう》に関連《かんれん》して注目《ちゅうもく》すべきことがある。政治家《せいじか》や財界人《ざいかいじん》などが何《なん》らかの嫌疑《けんぎ》（疑《うたが》い）をかけられたとき、しばしば「自分《じぶん》は無実《むじつ》だが、世間《せけん》を騒《さわ》がせたことについては謝罪《しゃざい》したい」と語《かた》ることがある。この言葉《ことば》を英語《えいご》やドイツ語《ご》などに訳《やく》すことは不可能《ふかのう》である。西欧人《せいおうじん》なら、自分《じぶん》が無実《むじつ》であるならば人々《ひとびと》が自分《じぶん》の無実《むじつ》を納得《なっとく》するまでたたかうということになるであろう。ところが、日本人《にほんじん》の場合《ばあい》、世間《せけん》を騒《さわ》がせたことについて謝罪《しゃざい》することになる。このようなことは、世間《せけん》を社会《しゃかい》と考《かんが》えている限《かぎ》り理解《りかい》できない。世間《せけん》は社会《しゃかい》ではなく、自分《じぶん》が加《くわ》わっている比較的《ひかくてき》小《ちい》さな人間関係《にんげんかんけい》の環《わ》なのである。自分《じぶん》は無罪《むざい》であるが、自分《じぶん》が疑《うたが》われたというだけで、自分《じぶん》が一員《いちいん》である環《わ》としての自分《じぶん》の世間《せけん》の人々《ひとびと》に迷惑《めいわく》がかかることを恐《おそ》れて、謝罪《しゃざい》するのである。

日本人《にほんじん》は自分《じぶん》の名誉《めいよ》より世間《せけん》の名誉《めいよ》の方《ほう》を大事《だいじ》にしているのである。岡本公三《おかもとこうぞう》（犯罪者《はんざいしゃ》の名前《なまえ》）が捕《とら》われたとき、父親《ちちおや》は自分《じぶん》の息子《むすこ》を極刑《きょっけい》（死刑《しけい》）にしてほしいと語《かた》ったといわれている。わが子《こ》に極刑《きょっけい》を望《のぞ》む親《おや》がいるだろうか。もしそう言《い》わなければ父親《ちちおや》の立場《たちば》がないからなのである。私達《わたしたち》は皆《みな》何《なん》らかの世間《せけん》の中《なか》に生《い》きている。そのおきてを守《まも》って生《い》きているのだが、何《なん》らかのはずみで世間《せけん》から後《うし》ろ指《ゆび》を指《さ》されたり、世間《せけん》に顔向《かおむ》けできなくなることを皆恐《みなおそ》れている。私達自身《わたしたちじしん》は気《き》がついていないかもしれないが、②皆世間《みなせけん》に恐《おそ》れを抱《いだ》きながら生《い》きているのである。

阿部《あべ》謹也《きんや》『「世間《せけん》」とは何《なに》か』（講談社現代新書《こうだんしゃげんだいしんしょ》）より

●問一：筆者《ひっしゃ》は、傍線部《ぼうせんぶ》①の「世間《せけん》」とはどういうものだと言《い》っているのか。二十五字以内《じいない》で探《さが》して、その部分《ぶぶん》を抜《ぬ》き出《だ》しなさい。

●問二：傍線部《ぼうせんぶ》②に「皆世間《みなせけん》に恐《おそ》れを抱《いだ》きながら生《い》きている」とあるが、どんな恐《おそ》れか。四十字以内《じいない》で探《さが》して、その部分《ぶぶん》を抜《ぬ》き出《だ》しなさい。

問題《もんだい》2　次《つぎ》の文章《ぶんしょう》を読《よ》んで後《あと》の問《と》いに答《こた》えなさい。

東京《とうきょう》でタクシーに乗《の》るときは、何《なん》となく心配《しんぱい》になる。京都《きょうと》のタクシーに乗《の》りつけている人間《にんげん》にとっては、大分《だいぶ》様子《ようす》が違《ちが》うからである。京都《きょうと》のタクシーの運転手《うんてんしゅ》さんは何《なに》かと話《はな》しかけてきたり、行《い》き先《さき》を言《い》っても知《し》らないなどということはまずない。

東京《とうきょう》は広《ひろ》すぎることもあって、行《い》き先《さき》を言《い》っても「知《し》らない」と言《い》われる。それが何《なん》となく、ぶっきらぼうの感《かん》じがする。近距離《きんきょり》のときなど、乗《の》せていただけましょうか、というような気持《きも》ちになったりする。これはおそらく、お上《のぼ》りさん（東京《とうきょう》に来《き》たばかりの人《ひと》）のコンプレックスのなすわざであろう。

ところが、先日《せんじつ》、東京《とうきょう》で乗《の》ったタクシーの運転手《うんてんしゅ》さんは違《ちが》った。まず「お客《きゃく》さん、新芽《しんめ》が美《うつく》しいでしょう」ではじまった。窓外《そうがい》に目《め》をやると皇居周辺《こうきょしゅうへん》の木々《きぎ》の葉《は》が、実《じつ》に美《うつく》しい。「銀杏《いちょう》の新芽《しんめ》はいいですね」、「見《み》てください。あれは楠《くすのき》ですよ」という具合《ぐあい》である。

私《わたし》は実《じつ》のところ木《き》が大好《だいす》きなのである。「松《まつ》もいいですね」と言《い》うと、「この手入《てい》れが大変《たいへん》なのですよ。何《なに》しろ一本一本《いっぽんいっぽん》、手《て》でするわけですから」という具合《ぐあい》で、目的地《もくてきち》に着《つ》くまで、二人《ふたり》でさんざん「木《き》」の話《はなし》を楽《たの》しんだ。降《お》りてからもさわやかな気《き》がして、これで東京《とうきょう》のタクシーに対《たい》する私《わたし》の偏見《へんけん》（かたよった見方《みかた》）も大分《だいぶ》正《ただ》された感《かん》じがした。

河合隼雄《かわいはやお》「木《き》」より

●問：傍線部《ぼうせんぶ》に「東京《とうきょう》のタクシーに対《たい》する私《わたし》の偏見《へんけん》」とあるが、筆者《ひっしゃ》が東京《とうきょう》のタクシーにもっていた印象《いんしょう》とはどのようなものだったのか。それにあたる言葉《ことば》を本文中《ほんぶんちゅう》から六字《じ》で抜《ぬ》き出《だ》しなさい。

問題《もんだい》3　次《つぎ》の文章《ぶんしょう》を読《よ》んで後《あと》の問《と》いに答《こた》えなさい。

大平《おおひら》（精神科《せいしんか》の医師《いし》の名前《なまえ》）によると、やさしさが若者《わかもの》を中心《ちゅうしん》に価値《かち》を持《も》ちはじめたのは、一九七〇年前後《ねんぜんご》のことです。その後急速《ごきゅうそく》に日本社会《にほんしゃかい》が豊《ゆた》かになるにつれて、モノや身体《しんたい》に傷《きず》がつくことに、ひとびとは敏感《びんかん》になりました。そしてこの敏感《びんかん》さは、こころにまでおよびます。

①こういう風潮《ふうちょう》の中《なか》で、やさしさもさらに変化《へんか》してゆきます。それは、治療《ちりょう》としての「やさしさ」から予防《よぼう》としての「やさしさ」へという変化《へんか》でした。お互《たが》いのココロの傷《きず》をなめあう「やさしさ」よりも、お互《たが》いを傷《きず》つけない「やさしさ」の方《ほう》が、滑《なめ》らかな人間関係《にんげんかんけい》を維持《いじ》するにはよい。そういうことになったのです。

治療《ちりょう》としてのやさしさ（以下《いか》、治療的《ちりょうてき》やさしさ）も、予防《よぼう》としてのやさしさ（以下《いか》、予防的《よぼうてき》やさしさ）も、こころが傷《きず》つくのは良《よ》くないことだとみなし、やさしくすることで滑《なめ》らかな人間関係《にんげんかんけい》を保《たも》とうとします。ただし、こころの傷《きず》への対処法《たいしょほう》が異《こと》なります。治療的《ちりょうてき》やさしさは、相手《あいて》につけてしまった傷《きず》をことばでいやすことこそ、やさしさだ、と考《かんが》えます。一方《いっぽう》の予防的《よぼうてき》やさしさは、相手《あいて》に傷《きず》をつけないようにすることこそ、やさしさだ、とみなします。

この違《ちが》いは「傷《きず》」についての考《かんが》え方《かた》の違《ちが》いに由来《ゆらい》するように思《おも》います。やさしいきびしさや治療的《ちりょうてき》やさしさでは、傷《きず》はいつかは治《なお》るもの、ととらえています。しかし、きびしいやさしさ・予防的《よぼうてき》やさしさは、傷《きず》はいつまでたっても傷《きず》のまま残《のこ》る、と考《かんが》えているふしがあります。

傷《きず》がつくことを過大《かだい》に考《かんが》える点《てん》で、治療的《ちりょうてき》やさしさと予防的《よぼうてき》やさしさをくらべると、②後者《こうしゃ》のほうが守《まも》るのがよりむずかしく、きびしい対人関係《たいじんかんけい》のルールと言《い》えるでしょう。

森真一《もりしんいち》『ほんとはこわい「やさしさ社会《しゃかい》」』（ちくまプリマー新書《しんしょ》）より

●問一：傍線部《ぼうせんぶ》①に「やさしさもさらに変化《へんか》してゆきます」とあるが、「さらに変化《へんか》したやさしさ」にあてはまる例《れい》を次《つぎ》の中《なか》から選《えら》び、記号《きごう》で答《こた》えなさい。

ア　クラス日誌《にっし》に誤字《ごじ》があったので、赤《あか》ペンでていねいに直《なお》してあげた。

イ　父《ちち》は自分《じぶん》の俳句《はいく》を自慢《じまん》しているので、面白《おもしろ》くないとは言《い》わなかった。

ウ　友人《ゆうじん》が失敗《しっぱい》ばかりして落《お》ち込《こ》んでいるので、みんなで慰《なぐさ》めてあげた。

エ　両親《りょうしん》が苦労《くろう》して働《はたら》いているので、アルバイトをして家計《かけい》を助《たす》けることにした。

●問二：傍線部《ぼうせんぶ》②に「後者《こうしゃ》のほうが守《まも》るのがよりむずかしく」とあるが、それはなぜか。その理由《りゆう》として最《もっと》も適当《てきとう》なものを次《つぎ》の中《なか》から選《えら》び、記号《きごう》で答《こた》えなさい。

ア　相手《あいて》を傷《きず》つけないようにするのが大切《たいせつ》なのに、後者《こうしゃ》は相手《あいて》を傷《きず》つけても滑《なめ》らかな人間関係《にんげんかんけい》を保《たも》てると考《かんが》えているから。

イ　どうすれば相手《あいて》が傷《きず》つくかをすべて予測《よそく》することはできないのに、後者《こうしゃ》はその予測《よそく》が必要《ひつよう》であると考《かんが》えているから。

ウ　相手《あいて》を傷《きず》つけた場合《ばあい》でも謝罪《しゃざい》すれば許《ゆる》されるのに、後者《こうしゃ》は謝罪《しゃざい》すること自体《じたい》をいけないことだと考《かんが》えているから。

エ　傷《きず》はいつまでたっても傷《きず》のまま残《のこ》るのに、後者《こうしゃ》はやさしくすることで傷《きず》は治《なお》るものだと考《かんが》えているから。

問題《もんだい》4　次《つぎ》の文章《ぶんしょう》を読《よ》んで後《あと》の問《と》いに答《こた》えなさい。

　四国山中《しこくさんちゅう》にある祖谷渓《いやだに》は日本《にほん》の秘境《ひきょう》と言《い》われている。吉野川《よしのがわ》の支流《しりゅう》に添《そ》ってV字形《ぶいじがた》の深《ふか》い谷《たに》が剣山《つるぎさん》の麓《ふもと》まで続《つづ》き、人家《じんか》は険《けわ》しい山肌《やまはだ》にへばりつくように建《た》っている。はじめて訪《おとず》れた人《ひと》は、どうしてこんな辺鄙《へんぴ》なところに住《す》むようになったのかと首《くび》をかしげるはずだ。一説《いっせつ》には、源平《げんぺい》の戦《たたか》いに敗《やぶ》れた平家《へいけ》の落《お》ち武者《むしゃ》が住《す》みついたというが、それも納得《なっとく》できるような険《けわ》しさである。

　私《わたし》がこの祖谷渓《いやだに》に興味《きょうみ》を持《も》ったのは、多《おお》くの妖怪伝説《ようかいでんせつ》が残《のこ》されているからだ。妖怪《ようかい》といえば、『ゲゲゲの鬼太郎《きたろう》』を描《えが》いた水木《みずき》しげるさんの出身地《しゅっしんち》である鳥取県境港市《とっとりけんさかいみなとし》が有名《ゆうめい》だが、この祖谷渓《いやだに》では特定《とくてい》の個人《こじん》が創作《そうさく》したのではなく、その場《ば》に住《す》んでいた人々《ひとびと》が多種多様《たしゅたよう》な妖怪《ようかい》を生《う》み出《だ》したのである。もちろん妖怪《ようかい》伝説《でんせつ》や化《ば》け物伝説《ものでんせつ》は日本各地《にほんかくち》に残《のこ》されているが、祖谷渓《いやだに》ほどの多様《たよう》さはない。なぜ、ここでは自然発生的《しぜんはっせいてき》に多《おお》くの妖怪《ようかい》が生《う》み出《だ》されたのだろうか。それを探《さぐ》ってみようと思《おも》ったのである。

　私《わたし》が訪《おとず》れたのは、秋《あき》の終《お》わりだった。民宿《みんしゅく》に宿《やど》を取《と》って、祖谷渓《いやだに》を昼夜《ちゅうや》を問《と》わず歩《ある》き回《まわ》ってみたが、その理由《りゆう》はすぐにわかった。どこよりも夜《よる》が長《なが》く深《ふか》いのである。

　両側《りょうがわ》に山《やま》がそびえているので、日《ひ》の出《で》は遅《おそ》く、日《ひ》の入《い》りが早《はや》い。日《ひ》が落《お》ちると、あたりは漆黒《しっこく》の闇《やみ》に包《つつ》まれる。人家《じんか》があっても山腹《さんぷく》に灯《とも》る点《てん》でしかなく、周囲《しゅうい》を照《て》らすほどではない。月《つき》が出《で》ても、山々《やまやま》に隠《かく》されて月明《つきあ》かりの時間《じかん》はひどく短《みじか》い。つまり、祖谷渓《いやだに》においては一日《いちにち》の半分以上《はんぶんいじょう》が〝夜《よる》の世界《せかい》〟になっているのだ。

すっぽりと闇《やみ》に包《つつ》まれていると、①現実《げんじつ》とは違《ちが》った空間《くうかん》にいるような感《かん》じになる。

闇《やみ》の中《なか》では視覚《しかく》ではなく、別《べつ》の感覚《かんかく》が研《と》ぎ澄《す》まされる。それは日常《にちじょう》ではあまり使《つか》わない想像力《そうぞうりょく》、空想力《くうそうりょく》というものだ。ちょっとした音《おと》や何《なに》かの動《うご》きが、現《げん》実《じつ》にはないものをイメージさせる。誰《だれ》もいない河原《かわら》でザワザワという音《おと》がすれば、そこに〝小豆洗《あずきあら》い〟を創《つく》り出《だ》し、水面《すいめん》からバシャンという音《おと》がすれば〝河童《かっぱ》〟を見立《みた》てる。そのようにして多様《たよう》な妖怪《ようかい》が創《つく》られたであろうことは容《よう》易《い》に想像《そうぞう》できる。

そればかりではない。降《ふ》るような星空《ほしぞら》を見《み》ていると、人間《にんげん》の存在《そんざい》についても考《かんが》えさせられる。自分《じぶん》がなぜ生《う》まれて、何《なに》をしなければならないのか。さらにはこの世界《せかい》の仕組《しく》みや神《かみ》の存在《そんざい》についてなど、日《ひ》ごろは考《かんが》えもしなかったことに思《おも》いをはせてみたくなる。

このように、夜《よる》というのが、様々《さまざま》な想像力《そうぞうりょく》をかきたてる装置《そうち》であることが実《じっ》感《かん》として理解《りかい》できるのだ。

●問一：筆者《ひっしゃ》が祖谷渓《いやだに》を訪《おとず》れた理由《りゆう》は何《なに》か。最《もっと》もよいものを次《つぎ》の中《なか》から選《えら》び、記号《きごう》で答《こた》えなさい。

ア　平家《へいけ》の落人伝説《おちうどでんせつ》が残《のこ》されているから。

イ　日本《にほん》の秘境《ひきょう》と言《い》われ、険《けわ》しい谷間《たにま》に人《ひと》が住《す》んでいるから。

ウ　妖怪伝説《ようかいでんせつ》が残《のこ》されているから。

エ　多種多様《たしゅたよう》な妖怪《ようかい》が生《う》まれたから。

●問二：傍線部《ぼうせんぶ》①に「現実《げんじつ》とは違《ちが》った空間《くうかん》にいるような感《かん》じ」とあるが、それはどんな気持《きも》ちを表《あらわ》しているのか。最《もっと》もよいものを次《つぎ》の中《なか》から選《えら》び、記号《きごう》で答《こた》えなさい。

ア　秘境《ひきょう》にいるという孤独《こどく》と不安《ふあん》

イ　想像力《そうぞうりょく》をかきたてられるような感覚《かんかく》

ウ　闇《やみ》に包《つつ》まれている神秘的《しんぴてき》で不思議《ふしぎ》な感覚《かんかく》

エ　妖怪《ようかい》たちと共《とも》にいるような感覚《かんかく》

●問三：筆者《ひっしゃ》はこの文章《ぶんしょう》でどんなことを述《の》べているのか。次《つぎ》の中《なか》から適切《てきせつ》ではないものを一《ひと》つだけ選《えら》び、記《き》号《ごう》で答《こた》えなさい。

ア　妖怪《ようかい》が生《う》まれた理由《りゆう》

イ　夜《よる》の効果《こうか》

ウ　秘境《ひきょう》の暮《く》らし

エ　祖谷渓《いやだに》の特徴《とくちょう》

問題《もんだい》5

次《つぎ》の文章《ぶんしょう》を読《よ》んで後《あと》の問《と》いに答《こた》えなさい。

海外《かいがい》で仕事《しごと》をする多《おお》くの日本人《にほんじん》は、それと知《し》らずに、一方的《いっぽうてき》に自分《じぶん》たちのシステム（＝やり方《かた》）を相手《あいて》におしつけてしまっている場合《ばあい》が少《すく》なくない。そしてそれが、こちら側《がわ》の善意《ぜんい》とか好意《こうい》によって少《すこ》しの疑《うたが》いもなしになされていたりするので、ことはいっそう悲劇的《ひげきてき》になるのである。次《つぎ》に記《しる》すのは、そのよい例《れい》で、青年海外協力隊《せいねんかいがいきょうりょくたい》の一員《いちいん》として、インドの農村《のうそん》の幼稚園《ようちえん》で教《おし》えていた日本《にほん》女性《じょせい》の経験《けいけん》である（これはその方《かた》が去《さ》った後《あと》、私《わたし》がそこを訪《おとず》れ、彼女《かのじょ》の同僚《どうりょう》（＝職場《しょくば》の仲間《なかま》）からきいた話《はなし》である）。

この人《ひと》は、この幼稚園《ようちえん》で、本箱《ほんばこ》や用品箱《ようひんばこ》の鍵《かぎ》をいつも閉《し》めることになっているのを知《し》り、こんなに幼《おさな》いころから、鍵《かぎ》をかけなければ物《もの》がなくなるようでは、教育上《きょういくじょう》なげかわしいことだと深刻《しんこく》に考《かんが》えてしまった。鍵《かぎ》をかけなくても物《もの》をとられないような子供《こども》たちに育《そだ》てなければならない。それが自分《じぶん》の使命《しめい》（＝与《あた》えられた重大《じゅうだい》な任務《にんむ》）であると信《しん》じて、鍵《かぎ》をかけないでも物《もの》がなくならないようにと、子供《こども》たちに説得《せっとく》し、その一年間《いちねんかん》あらゆる努力《どりょく》をしたのであったが、それはついに不可能《ふかのう》なことで、彼女《かのじょ》は絶望的《ぜつぼうてき》な気持《きも》ちで帰国《きこく》した、というのである。

相手《あいて》のシステムを知《し》らないということは、その当事者《とうじしゃ》にとって大《おお》きなエネルギーの浪費《ろうひ》（＝むだづかい）であり、相手《あいて》にとっては不快《ふかい》な異国《いこく》のシステムの強制《きょうせい》をしてしまうことになるのである。というのは、インドでは、鍵《かぎ》をかけるということは必《かなら》ずしもだれかが盗《ぬす》むだろうという（相手《あいて》を悪人《あくにん》とみなす）猜疑《さいぎ》心《しん》（＝人《ひと》を疑《うたが》う心《こころ》）からではない。ここのものを私《わたし》（鍵《かぎ》をかける人《ひと》）が知《し》らないうちにちょっともっていかれては困《こま》る、このままにしておいてほしい、というときにも鍵《かぎ》をかけるのである。大家族《だいかぞく》の家《いえ》などでは、すべて親《した》しい家族《かぞく》の人々《ひとびと》であるし、また、使用人《しようにん》も古《ふる》くからいる家族成員《かぞくせいいん》（＝家族《かぞく》の一員《いちいん》）のように信頼《しんらい》できる者《もの》ばかりで住《す》んでいるのだが、そうした人々《ひとびと》の間《あいだ》でも、みな個人《こじん》のものの入《はい》っている戸棚《とだな》や机《つくえ》の引《ひ》き出《だ》しなどは鍵《かぎ》をかけているのが普通《ふつう》である。たとえば、決《けっ》して他人《たにん》のものになることのないようなアルバムの入《はい》っている戸《と》棚《だな》でもそうである。鍵《かぎ》をかけるということは、私《わたし》たちにとって、きちんと閉《し》めておく、といった感覚《かんかく》である。

　ところが、伝統的《でんとうてき》に鍵文化《かぎぶんか》をもたなかった日本《にほん》では、鍵《かぎ》というものは一般《いっぱん》には近代《きんだい》の都市生活《としせいかつ》の発達《はったつ》とともに使《つか》うようになったもので、それは、悪意《あくい》をもっているかもしれない知《し》らない他人《たにん》からの被害《ひがい》を防《ふせ》ぐといった自己防衛《じこぼうえい》、他人《たにん》に対《たい》する疑《うたが》いを前提《ぜんてい》として機能《きのう》している。鍵《かぎ》が指《ゆび》の一部《いちぶ》のようにさえなっている伝統的鍵文化《でんとうてきかぎぶんか》をもつインドの鍵《かぎ》とは、必《かなら》ずしも同《おな》じ意味《いみ》をもっていない。

（中略《ちゅうりゃく》）

　こうした文化《ぶんか》の違《ちが》いというものを知《し》らないと、つい自分《じぶん》たちの価値基準《かちきじゅん》で相《あい》手《て》を判断《はんだん》してしまい、それを知《し》らずに強制《きょうせい》してしまう。そして強制《きょうせい》された相手《あいて》の気持《きも》ちもわからない。どんなに言《い》っても、相手《あいて》が従《したが》わなかったり、同意《どうい》しない場合《ばあい》には、まずシステムが違《ちが》っているのではないかと、考《かんが》えてみることが重《じゅう》要《よう》である。そして、私《わたし》たちの価値基準《かちきじゅん》が必《かなら》ずしも他《ほか》の社会《しゃかい》に通用《つうよう》するものではない、という謙虚《けんきょ》な〈＝ひかえめで、つつましい〉認識《にんしき》をもつ必要《ひつよう》があるのである。

中根千枝《なかねちえ》『適応《てきおう》の条件《じょうけん》』（講談社現代新書《こうだんしゃげんだいしんしょ》）より

●問：私《わたし》たちが海外《かいがい》で暮《く》らしたり、仕事《しごと》をしたりするときに、基本的《きほんてき》な心《こころ》のもち方《かた》や考《かんが》え方《かた》として大切《たいせつ》なことは何《なに》か。筆者《ひっしゃ》の考《かんが》えを六十字程度《じていど》にまとめて答《こた》えなさい。

解説・解答

問題《もんだい》1 ▼ 解説《かいせつ》

▼解答法《かいとうほう》その1：初級編《しょきゅうへん》　スケモンを使《つか》って本文《ほんぶん》を読《よ》んでみよう。

「世間《せけん》」の構造《こうぞう》に関連《かんれん》して注目《ちゅうもく》すべきことがある。政治家《せいじか》や財界人《ざいかいじん》などが何《なん》らかの嫌疑《けんぎ》（疑《うたが》い）をかけられたとき、しばしば「自分《じぶん》は無実《むじつ》だが、世間《せけん》を騒《さわ》がせたことについては謝罪《しゃざい》したい」と語《かた》ることがある。この言葉《ことば》を英語《えいご》やドイツ語《ご》などに訳《やく》すことは不可能《ふかのう》である。❶西欧人《せいおうじん》なら、自分《じぶん》が無実《むじつ》であるならば人々《ひとびと》が自分《じぶん》の無実《むじつ》を納得《なっとく》するまでたたかうということになるであろう。❷ところが、日本人《にほんじん》の場合《ばあい》、世間《せけん》を騒《さわ》がせたことについて謝罪《しゃざい》することになる。このようなことは、世間《せけん》を社会《しゃかい》と考《かんが》えている限《かぎ》り理解《りかい》できない。世間《せけん》は社会《しゃかい》では❸なく、自分《じぶん》が加《くわ》わっている比較的《ひかくてき》小《ちい》さな人間関係《にんげんかんけい》の環《わ》なのである。自分《じぶん》は無罪《むざい》であるが、自分《じぶん》が疑《うたが》われたというだけで、自分《じぶん》が一員《いちいん》である環《わ》としての自《じ》分《ぶん》の世間《せけん》の人々《ひとびと》に迷惑《めいわく》がかかることを恐《おそ》れて、謝罪《しゃざい》するのである。

日本人《にほんじん》は自分《じぶん》の名誉《めいよ》より世間《せけん》の名誉《めいよ》の方《ほう》を大事《だいじ》にしているのである。岡本公《おかもとこう》三《ぞう》（犯罪者《はんざいしゃ》の名前《なまえ》）が捕《とら》われたとき、父親《ちちおや》は自分《じぶん》の息子《むすこ》を極刑《きょっけい》（死刑《しけい》）にしてほしいと語《かた》ったといわれている。わが子《こ》に極刑《きょっけい》を望《のぞ》む親《おや》がいるだろうか。もしそう言《い》わなければ父親《ちちおや》の立場《たちば》がないからなのである。私達《わたしたち》は皆《みなな》何《なん》らかの世間《せけん》の中《なか》に生《い》きている。そのおきてを守《まも》って生《い》きているのだ❹が、何《なん》らかのはずみで

❶ 対比《たいひ》

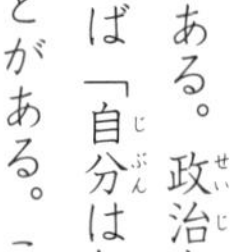

ターイヒ

❷ 逆接《ぎゃくせつ》ポイント

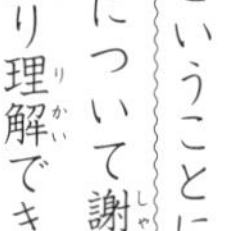

ギャクッチ

❸ 打消《うちけ》しポイント

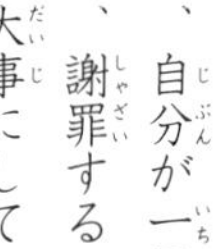

ウチケーシー

❹ 逆接《ぎゃくせつ》ポイント

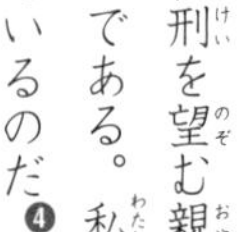

ギャクッチ

世間《せけん》から後《うし》ろ指《ゆび》を指《さ》されたり、世間《せけん》に顔向《かおむ》けできなくなることを皆恐《みなおそ》れている。私達自身《わたしたちじしん》は気《き》がついていないかもしれない❺が、皆世間《みなせけん》に恐《おそ》れを抱《いだ》きながら生《い》きているのである。

❺逆接《ぎゃくせつ》ポイント

ギャクッチ

▼スケモンの指摘《してき》した重要箇所《じゅうようかしょ》を抜《ぬ》き出《だ》して、解答《かいとう》を考《かんが》えてみよう。

❶（西欧人《せいおうじん》）と（日本人《にほんじん》）を対比《たいひ》し、
（西欧人《せいおうじん》）が（自分《じぶん》が無実《むじつ》であるならば人々《ひとびと》が自分《じぶん》の無実《むじつ》を納得《なっとく》するまでたたかうことになる）ことに対《たい》して、

（日本人《にほんじん》）は（世間《せけん》を騒《さわ》がせたことについて謝罪《しゃざい》する）と述《の》べている。
❷日本人《にほんじん》の場合《ばあい》、世間《せけん》を騒《さわ》がせたことについて謝罪《しゃざい》することになる。
❸（日本人《にほんじん》にとって世間《せけん》は）自分《じぶん》が加《くわ》わっている比較的小《ひかくてきちい》さな人間関係《にんげんかんけい》の環《わ》なのである。
❹（私達《わたしたち》は）何《なん》らかのはずみで世間《せけん》から後《うし》ろ指《ゆび》を指《さ》されたり、世間《せけん》に顔向《かおむ》けできなくなることを皆恐《みなおそ》れている。
❺（私達《わたしたち》は）皆世間《みなせけん》に恐《おそ》れを抱《いだ》きながら生《い》きているのである。

解答《かいとう》は重要箇所《じゅうようかしょ》にある場合《ばあい》が多《おお》いので、❶～❺をよく読《よ》んでみよう。すると答《こた》えが見《み》えてくる。

問題《もんだい》1 ▼ **解答《かいとう》**

●問一：③にあるように「自分《じぶん》が加《くわ》わっている比較的《ひかくてき》小《ちい》さな人間関係《にんげんかんけい》の環《わ》（二十一字《じ》）」が正解《せいかい》。

●問二：④に「皆恐《みなおそ》れている」とあるように、恐《おそ》れとは「何《なん》らかのはずみで世間《せけん》から後《うし》ろ指《ゆび》を指《さ》されたり、世間《せけん》に顔向《かおむ》けできなくなること（三十六字《じ》）」が正解《せいかい》。

▼解答法《かいとうほう》その2：上級編《じょうきゅうへん》

最初《さいしょ》にグータを使《つか》って具体例《ぐたいれい》の部分《ぶぶん》を抜《ぬ》くことができれば、文章《ぶんしょう》が短《みじか》くなってより分《わ》かりやすくなる。

「世間《せけん》」の構造《こうぞう》に関連《かんれん》して注目《ちゅうもく》すべきことがある。政治家《せいじか》や財界人《ざいかいじん》などが何《なん》らかの嫌疑《けんぎ》（疑《うたが》い）をかけられたとき、しばしば「自分《じぶん》は無実《むじつ》だが、世間《せけん》を騒《さわ》がせたことについては謝罪《しゃざい》したい」と語《かた》ることがある。この言葉《ことば》を英語《えいご》やドイツ語《ご》などに訳《やく》すことは不可能《ふかのう》である。西欧人《せいおうじん》なら、自分《じぶん》が無実《むじつ》であるならば人々《ひとびと》が自分《じぶん》の無実《むじつ》を納得《なっとく》するまでたたかうということになるであろう。ところが、

●具体例《ぐたいれい》

グータ

日本人《にほんじん》の場合《ばあい》、世間《せけん》を騒《さわ》がせたことについて謝罪《しゃざい》することになる。このようなことは、世間《せけん》を社会《しゃかい》と考《かんが》えている限《かぎ》り理解《りかい》できない。世間《せけん》は社会《しゃかい》ではなく、自《じ》分《ぶん》が加《くわ》わっている比較的《ひかくてき》小《ちい》さな人間関係《にんげんかんけい》の環《わ》なのである。自分《じぶん》は無罪《むざい》であるが、自分《じぶん》が疑《うたが》われたというだけで、自分《じぶん》が一員《いちいん》である環《わ》としての自分《じぶん》の世間《せけん》の人々《ひとびと》に迷惑《めいわく》がかかることを恐《おそ》れて、謝罪《しゃざい》するのである。

問一の解答《かいとう》

日本人《にほんじん》は自分《じぶん》の名誉《めいよ》より世間《せけん》の名誉《めいよ》の方《ほう》を大事《だいじ》にしているのである。岡本公《おかもとこう》三《ぞう》（犯罪者《はんざいしゃ》の名前《なまえ》）が捕《とら》われたとき、父親《ちちおや》は自分《じぶん》の息子《むすこ》を極刑《きょっけい》（死刑《しけい》）にしてほしいと語《かた》ったといわれている。わが子《こ》に極刑《きょっけい》を望《のぞ》む親《おや》がいるだろうか。もしそう言《い》わなければ父親《ちちおや》の立場《たちば》がないからなのである。私達《わたしたち》は皆何《みななん》らかの世間《せけん》の中《なか》に生《い》きている。そのおきてを守《まも》って生《い》きているのだが、何《なん》らかのはずみで世《せ》間《けん》から後《うし》ろ指《ゆび》を指《さ》されたり、世間《せけん》に顔向《かおむ》けできなくなることを皆恐《みなおそ》れている。私達自身《わたしたちじしん》は気《き》がついていないかもしれないが、皆世間《みなせけん》に恐《おそ》れを抱《いだ》きながら生《い》きているのである。

問二の解答《かいとう》

問題《もんだい》2 ▼ 解説《かいせつ》

▼本文《ほんぶん》では「京都《きょうと》のタクシー」と「東京《とうきょう》のタクシー」、「いつもの東京《とうきょう》のタクシー」と「先日乗《せんじつの》った東京《とうきょう》のタクシー」について書《か》かれているので、ターイヒを使《つか》って比較《ひかく》してみよう。

（京都《きょうと》のタクシー）と（東京《とうきょう》のタクシー）を対比《たいひ》し、（京都《きょうと》のタクシー）が（何《なに》かと話《はな》しかけてきて、行《い》き先《さき》を知《し》らないことはまずない）ことに対《たい》して、（東京《とうきょう》のタクシー）は（行《い》き先《さき》を言《い》っても「知《し》らない」と言《い》われ、ぶっきらぼうの感《かん》じがする）と述《の》べている。

もう1つは（いつもの東京《とうきょう》のタクシー）と（先日乗《せんじつの》った東京《とうきょう》のタクシー）を対比《たいひ》し、（いつもの東京《とうきょう》のタクシー）が（行《い》き先《さき》を言《い》っても「知《し》らない」と言《い》われ、ぶっきらぼうの感《かん》じがする）ことに対《たい》して、（先日乗《せんじつの》った東京《とうきょう》のタクシー）は（話好《はなしず》きな運転手《うんてんしゅ》だったので、さわやかな気持《きも》ちになった）と述《の》べている。

▼2つの対比《たいひ》をまとめてみよう。

対比《たいひ》その1

★京都《きょうと》のタクシー

何《なに》かと話《はな》しかけてきて、行《い》き先《さき》を言《い》っても知《し》らないということはまずない。

★東京《とうきょう》のタクシー

行《い》き先《さき》を言《い》っても「知《し》らない」と言《い》われ、ぶっきらぼうの感《かん》じがする。

対比《たいひ》 その2

★いつもの東京《とうきょう》のタクシー

行《い》き先《さき》を言《い》っても「知《し》らない」と言《い》われ、ぶっきらぼうの感《かん》じがする。

★先日《せんじつ》乗《の》った東京《とうきょう》のタクシー

話好《はなしず》きな運転手《うんてんしゅ》だったので、さわやかな気持《きも》ちになった。

問題《もんだい》2 ▼ 解答《かいとう》

●ぶっきらぼう

設問《せつもん》の傍線部《ぼうせんぶ》は『先日《せんじつ》乗《の》った東京《とうきょう》のタクシーの運転手《うんてんしゅ》によって、これまでの偏見《へんけん》（かたよった見方《みかた》）が大分正《だいぶただ》された』と書《か》いてあるから、偏見《へんけん》を持《も》っていたのは、いつもの東京《とうきょう》のタクシーに対《たい》してとなる。いつもの東京《とうきょう》のタクシーは『行《い》き先《さき》を言《い》っても「知《し》らない」と言《い》われ、ぶっきらぼうの感《かん》じがする』ので、ここから印象《いんしょう》を表《あらわ》した六字《じ》を抜《ぬ》き出《だ》すと『ぶっきらぼう』になる。

問題《もんだい》3 ▼ 解説《かいせつ》

▼「治療的《ちりょうてき》やさしさ」と「予防的《よぼうてき》やさしさ」について書《か》かれているので、ターイヒを使《つか》って比較《ひかく》してみよう。

（治療的《ちりょうてき》やさしさ）と（予防的《よぼうてき》やさしさ）を対比《たいひ》し、

（治療的《ちりょうてき》やさしさ）が（傷《きず》をことばでいやすのをやさしさだとして、傷《きず》はいつかは治《なお》るもの、と考《かんが》えている）

ことに対《たい》して、

（予防的《よぼうてき》やさしさ）は（相手《あいて》に傷《きず》をつけないようにすることがやさしさであるとして、傷《きず》はいつまでたっても傷《きず》のまま残《のこ》ると考《かんが》えるので、予防的《よぼうてき》やさしさの方《ほう》が、守《まも》るのがよりむずかしく、きびしい対人関係《たいじんかんけい》のルールである）と述《の》べている。

▼対比《たいひ》をまとめてみよう。

★治療的《ちりょうてき》やさしさ

傷《きず》をことばでいやすのをやさしさだとして、傷《きず》はいつかは治《なお》るもの、と考《かんが》えている。

★予防的《よぼうてき》やさしさ

相手《あいて》に傷《きず》をつけないようにすることがやさしさであるとして、傷《きず》はいつまでたっても傷《きず》のまま残《のこ》ると考《かんが》える。

⬅

予防的《よぼうてき》やさしさの方《ほう》が、守《まも》るのがよりむずかしく、きびしい対人関係《たいじんかんけい》のルールと言《い》える。

問題《もんだい》3▼解答《かいとう》

●問一：イ

さらに変化《へんか》したやさしさというのは「予防的《よぼうてき》やさしさ」。予防的《よぼうてき》やさしさとは『相手《あいて》に傷《きず》をつけないようにすることがやさしさであるとして、傷《きず》はいつまでたっても傷《きず》のまま残《のこ》ると考《かんが》える』こと。だから、相手《あいて》に傷《きず》をつけないようにしているのは、「イ」の『父《ちち》は自分《じぶん》の俳句《はいく》を自慢《じまん》しているので、面白《おもしろ》くないとは言《い》わなかった』になる。父《ちち》に傷《きず》をつけたくないからこそ面白《おもしろ》くないと言《い》わないのだ。

●問二：イ

後者《こうしゃ》というのは「予防的《よぼうてき》やさしさ」であるので、『なぜ、相手《あいて》に傷《きず》をつけないようにすることが難《むずか》しいのか？』という問《と》いになっている。自分《じぶん》が何《なに》をしたら相手《あいて》が傷《きず》つくかを予測《よそく》し、相手《あいて》に傷《きず》をつけないように行動《こうどう》することは非常《ひじょう》に難《むずか》しいので、解答《かいとう》は「イ」となる。

▼解答法《かいとうほう》その1：初級編《しょきゅうへん》　スケモンを使《つか》って本文《ほんぶん》を読《よ》んでみよう。

四国山中《しこくさんちゅう》にある祖谷渓《いやだに》は日本《にほん》の秘境《ひきょう》と言《い》われている。吉野川《よしのがわ》の支流《しりゅう》に添《そ》ってV字形《ぶいじがた》の深《ふか》い谷《たに》が剣山《つるぎさん》の麓《ふもと》まで続《つづ》き、人家《じんか》は険《けわ》しい山肌《やまはだ》にへばりつくように建《た》っている。はじめて訪《おとず》れた人《ひと》は、どうしてこんな辺鄙《へんぴ》なところに住《す》むようになったのかと首《くび》をかしげるはずだ。一説《いっせつ》には、源平《げんぺい》の戦《たたか》いに敗《やぶ》れた平家《へいけ》の落《お》ち武者《むしゃ》が住《す》みついたというが、それも納得《なっとく》できるような険《けわ》しさである。

私《わたし》がこの祖谷渓《いやだに》に興味《きょうみ》を持《も》ったのは、多《おお》くの妖怪伝説《ようかいでんせつ》が残《のこ》されているからだ。妖怪《ようかい》といえば、『ゲゲゲの鬼太郎《きたろう》』を描《えが》いた水木《みずき》しげるさんの出身《しゅっしん》地《ち》である鳥取県境港市《とっとりけんさかいみなとし》が有名《ゆうめい》だ❶が、この祖谷渓《いやだに》では特定《とくてい》の個人《こじん》が創作《そうさく》したのでは❷なく、その場《ば》に住《す》んでいた人々《ひとびと》が多種多様《たしゅたよう》な妖怪《ようかい》を生《う》み出《だ》したのである。もちろん妖怪伝説《ようかいでんせつ》や化《ば》け物伝説《ものでんせつ》は日本各地《にほんかくち》に残《のこ》されている❸が、祖谷渓《いやだに》ほどの多様《たよう》さはない。（疑問《ぎもん》）❹なぜ、ここでは自然発生的《しぜんはっせいてき》に多《おお》くの妖怪《よう》が生《う》み出《だ》されたのだろうか。それを探ってみようと思《おも》ったのである。

私《わたし》が訪《おとず》れたのは、秋《あき》の終《お》わりだった。民宿《みんしゅく》に宿《やど》を取《と》って、祖谷渓《いやだに》を昼夜《ちゅうや》を問《と》わず歩《ある》き回《まわ》ってみたが、その理由《りゆう》はすぐにわかった。（答《こた》え）どこよりも夜《よる》が長《なが》く深《ふか》いのである。

❶逆接《ぎゃくせつ》ポイント

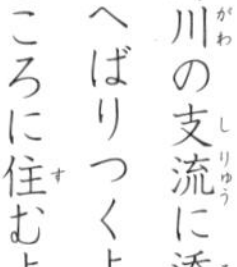

ギャクッチ

❷打消《うちけ》しポイント

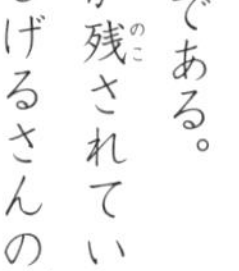

ウチケーシー

❸逆接《ぎゃくせつ》ポイント

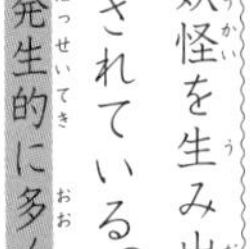

ギャクッチ

❹疑問《ぎもん》

ギーモン

両側《りょうがわ》に山《やま》がそびえているので、日《ひ》の出《で》は遅《おそ》く、日《ひ》の入《い》りが早《はや》い。日《ひ》が落《お》ちると、あたりは漆黒《しっこく》の闇《やみ》に包《つつ》まれる。人家《じんか》があっても山腹《さんぷく》に灯《とも》る点《てん》でしかなく、周囲《しゅうい》を照《て》らすほどではない。月《つき》が出《で》ても、山々《やまやま》に隠《かく》されて月明《つきあ》かりの時間《じかん》はひどく短《みじか》い。❺つまり、祖谷渓《いやだに》においては一日《いちにち》の半分以上《はんぶんいじょう》が〝夜《よる》の世界《せかい》〟になっているのだ。

すっぽりと闇《やみ》に包《つつ》まれていると、現実《げんじつ》とは違《ちが》った空間《くうかん》にいるような感《かん》じになる。

闇《やみ》の中《なか》では視覚《しかく》では❻なく、別《べつ》の感覚《かんかく》が研《と》ぎ澄《す》まされる。それは日常《にちじょう》ではあまり使《つか》わない想像力《そうぞうりょく》、空想力《くうそうりょく》というものだ。ちょっとした音《おと》や何《なに》かの動《うご》きが、現実《げんじつ》にはないものをイメージさせる。誰《だれ》もいない河原《かわら》でザワザワという音《おと》がすれば、そこに〝小豆洗《あずきあら》い〟を創《つく》り出《だ》し、水面《すいめん》からバシャンという音《おと》がすれば〝河童《かっぱ》〟を見立《みた》てる。そのようにして多様《たよう》な妖怪《ようかい》が創《つく》られたであろうことは容易《ようい》に想像《そうぞう》できる。

そればかりではない。降《ふ》るような星空《ほしぞら》を見《み》ていると、人間《にんげん》の存在《そんざい》についても考《かんが》えさせられる。自分《じぶん》がなぜ生《う》まれて、何《なに》をしなければならないのか。さらにはこの世界《せかい》の仕組《しく》みや神《かみ》の存在《そんざい》についてなど、日《ひ》ごろは考《かんが》えもしなかったことに思《おも》いをはせてみたくなる。

❼このように、夜《よる》というのが、様々《さまざま》な想像力《そうぞうりょく》をかきたてる装置《そうち》であることが実感《じっかん》として理解《りかい》できるのだ。

❺まとめポイント

マートメ

❻打消《うちけ》しポイント

ウチケーシー

❼まとめポイント

マートメ

▼スケモンの指摘《してき》した重要箇所《じゅうようかしょ》を抜《ぬ》き出《だ》して、本文《ほんぶん》をまとめてみよう。

❶この祖谷渓《いやだに》では特定《とくてい》の個人《こじん》が（妖怪《ようかい》を）創作《そうさく》したのではない。

❷その場《ば》に住《す》んでいた人々《ひとびと》が多種多様《たしゅたよう》な妖怪《ようかい》を生《う》み出《だ》したのである。

❸（他《ほか》の地方《ちほう》においては）祖谷渓《いやだに》ほどの（妖怪《ようかい》の）多様《たよう》さはない。

❹（祖谷渓《いやだに》は）どこよりも夜《よる》が長《なが》く深《ふか》いのである。

❺祖谷渓《いやだに》においては一日《いちにち》の半分以上《はんぶんいじょう》が〝夜《よる》の世界《せかい》〟になっているのだ。

❻（闇《やみ》の中《なか》では）別《べつ》の感覚《かんかく》が研《と》ぎ澄《す》まされる。それは日常《にちじょう》ではあまり使《つか》わない想像力《そうぞうりょく》、空想力《くうそうりょく》というものだ。

❼夜《よる》というのが、様々《さまざま》な想像力《そうぞうりょく》をかきたてる装置《そうち》であることが実感《じっかん》として理解《りかい》できるのだ。

筆者《ひっしゃ》は「人々《ひとびと》が多種多様《たしゅたよう》な妖怪《ようかい》を生《う》み出《だ》した」理由《りゆう》を知《し》るため祖谷渓《いやだに》に行《い》き（❶❷❸）、その理由《りゆう》が「どこよりも夜《よる》が長《なが》く深《ふか》い」「一日《いちにち》の半分以上《はんぶんいじょう》が〝夜《よる》の世界《せかい》〟になっている」からであると知《し》り（❹❺）、夜《よる》によって日常《にちじょう》ではあまり使《つか》わない想像力《そうぞうりょく》、空想力《くうそうりょく》が研《と》ぎ澄《す》まされ、「夜《よる》は様々《さまざま》な想像力《そうぞうりょく》をかきたてる装置《そうち》である」ことを実感《じっかん》した（❻❼）。

問題《もんだい》4 ▼ 解答《かいとう》

●問一：エ

ウの『妖怪伝説《ようかいでんせつ》が残《のこ》されているから』も間違《まちが》いではないけれど、❷❸に『人々《ひとびと》が多種多様《たしゅたよう》な妖怪《ようかい》を生《う》み出《だ》した』『（他《ほか》の地方《ちほう》においては）祖谷渓《いやだに》ほどの（妖怪《ようかい》の）多様《たよう》さはない』とあるから、最《もっと》もよいものを選《えら》ぶならばエが正解《せいかい》。『多種多様《たしゅたよう》』がポイントになる。

●問二：イ

❼に、『夜《よる》というのが、様々《さまざま》な想像力《そうぞうりょく》をかきたてる装置《そうち》であることが実感《じっかん》として理解《りかい》できる』とあるので、正解《せいかい》は「イ」。

●問三：ウ

アの『妖怪《ようかい》が生《う》まれた理由《りゆう》』は❹❺❻❼で説明《せつめい》されているし、イの『夜《よる》の効果《こうか》』は❻と❼、エの『祖谷渓《いやだに》の特徴《とくちょう》』は❶❷❸❹❺にあるから、適切《てきせつ》でないのはウの『秘境《ひきょう》の暮《く》らし』となる。

▼解答法《かいとうほう》その２：上級編《じょうきゅうへん》

最初《さいしょ》にグータを使《つか》って具体例《ぐたいれい》の部分《ぶぶん》を抜《ぬ》くことができれば、文章《ぶんしょう》が短《みじか》くなってより分《わ》かりやすくなる。

● 具体例《ぐたいれい》

グータ

四国山中《しこくさんちゅう》にある祖谷渓《いやだに》は日本《にほん》の秘境《ひきょう》と言《い》われている。吉野川《よしのがわ》の支流《しりゅう》に添《そ》ってV字形《ぶいじがた》の深《ふか》い谷《たに》が剣山《つるぎさん》の麓《ふもと》まで続《つづ》き、人家《じんか》は険《けわ》しい山肌《やまはだ》にへばりつくように建《た》っている。はじめて訪《おとず》れた人《ひと》は、どうしてこんな辺鄙《へんぴ》なところに住《す》むようになったのかと首《くび》をかしげるはずだ。一説《いっせつ》には、源平《げんぺい》の戦《たたか》いに敗《やぶ》れた平家《へいけ》の落《お》ち武者《むしゃ》が住《す》みついたというが、それも納得《なっとく》できるような険《けわ》しさである。

私《わたし》がこの祖谷渓《いやだに》に興味《きょうみ》を持《も》ったのは、多《おお》くの妖怪伝説《ようかいでんせつ》が残《のこ》されているからだ。妖怪《ようかい》といえば、『ゲゲゲの鬼太郎《きたろう》』を描《えが》いた水木《みずき》しげるさんの出身地《しゅっしんち》である鳥《とっ》取県境港市《とりけんさかいみなとし》が有名《ゆうめい》だが、この祖谷渓《いやだに》では特定《とくてい》の個人《こじん》が創作《そうさく》したのではなく、その場《ば》に住《す》んでいた人々《ひとびと》が多種多様《たしゅたよう》な妖怪《ようかい》を生《う》み出《だ》したのである。もちろん妖怪《ようかい》伝説《でんせつ》や化《ば》け物伝説《ものでんせつ》は日本各地《にほんかくち》に残《のこ》っているが、祖谷渓《いやだに》ほどの多様《たよう》さはない。なぜ、ここでは自然発生的《しぜんはっせいてき》に多《おお》くの妖怪《ようかい》が生《う》み出《だ》されたのだろうか。それを探《さぐ》ってみようと思《おも》ったのである。

私《わたし》が訪《おとず》れたのは、秋《あき》の終《お》わりだった。民宿《みんしゅく》に宿《やど》を取《と》って、祖谷渓《いやだに》を昼夜《ちゅうや》を問《と》わず歩《ある》き回《まわ》ってみたが、その理由《りゆう》はすぐにわかった。どこよりも夜《よる》が長《なが》く深《ふか》いのである。

↓重要箇所《じゅうようかしょ》

↓重要箇所《じゅうようかしょ》

↓重要箇所《じゅうようかしょ》

両側《りょうがわ》に山《やま》がそびえているので、日《ひ》の出《で》は遅《おそ》く、日《ひ》の入《い》りが早《はや》い。日《ひ》が落《お》ちると、あたりは漆黒《しっこく》の闇《やみ》に包《つつ》まれる。人家《じんか》があっても山腹《さんぷく》に灯《とも》る点《てん》でしかなく、周囲《しゅうい》を照《て》らすほどではない。月《つき》が出《で》ても、山々《やまやま》に隠《かく》されて月明《つきあ》かりの時間《じかん》はひどく短《みじか》い。つまり、祖谷渓《いやだに》においては一日《いちにち》の半分以上《はんぶんいじょう》が〝夜《よる》の世界《せかい》〟になっているのだ。

↓重要箇所《じゅうようかしょ》

すっぽりと闇《やみ》に包《つつ》まれていると、現実《げんじつ》とは違《ちが》った空間《くうかん》にいるような感《かん》じになる。

闇《やみ》の中《なか》では視覚《しかく》ではなく、別《べつ》の感覚《かんかく》が研《と》ぎ澄《す》まされる。それは日常《にちじょう》ではあまり使《つか》わない想像力《そうぞうりょく》、空想力《くうそうりょく》というものだ。ちょっとした音《おと》や何《なに》かの動《うご》きが、現《げん》実《じつ》にはないものをイメージさせる。誰《だれ》もいない河原《かわら》でザワザワという音《おと》がすれば、そこに〝小豆洗《あずきあら》い〟を創《つく》り出《だ》し、水面《すいめん》からバシャンという音《おと》がすれば〝河童《かっぱ》〟を見立《みた》てる。そのようにして多様《たよう》な妖怪《ようかい》が創《つく》られたであろうことは容《よう》易《い》に想像《そうぞう》できる。

↓重要箇所《じゅうようかしょ》

そればかりではない。降《ふ》るような星空《ほしぞら》を見《み》ていると、人間《にんげん》の存在《そんざい》についても考《かんが》えさせられる。自分《じぶん》がなぜ生《う》まれて、何《なに》をしなければならないのか。さらにはこの世界《せかい》の仕組《しく》みや神《かみ》の存在《そんざい》についてなど、日《ひ》ごろは考《かんが》えもしなかったことに思《おも》いをはせてみたくなる。

このように、夜《よる》というのが、様々《さまざま》な想像力《そうぞうりょく》をかきたてる装置《そうち》であることが実《じっ》感《かん》として理解《りかい》できるのだ。

↓重要箇所《じゅうようかしょ》

問題《もんだい》5 ▼ 解説《かいせつ》

▼解答法《かいとうほう》その1：初級編《しょきゅうへん》　スケモンを使《つか》って本文《ほんぶん》を読《よ》んでみよう。

海外《かいがい》で仕事《しごと》をする多《おお》くの日本人《にほんじん》は、それと知《し》らずに、一方的《いっぽうてき》に自分《じぶん》たちのシステム〈＝やり方《かた》〉を相手《あいて》におしつけてしまっている場合《ばあい》が少《すく》なくない。そしてそれが、こちら側《がわ》の善意《ぜんい》とか好意《こうい》によって少《すこ》しの疑《うたが》いもなしになされていたりするので、ことはいっそう悲劇的《ひげきてき》になるのである。次《つぎ》に記《しる》すのは、そのよい例《れい》で、青年海外協力隊《せいねんかいがいきょうりょくたい》の一員《いちいん》として、インドの農村《のうそん》の幼稚園《ようちえん》で教《おし》えていた日本《にほん》女性《じょせい》の経験《けいけん》である（これはその方《かた》が去《さ》った後《あと》、私《わたし》がそこを訪《おとず》れ、彼女《かのじょ》の同僚《どうりょう》〈＝職場《しょくば》の仲間《なかま》〉からきいた話《はなし》である）。

この人《ひと》は、この幼稚園《ようちえん》で、本箱《ほんばこ》や用品箱《ようひんばこ》の鍵《かぎ》をいつも閉《し》めることになっているのを知《し》り、こんなに幼《おさな》いころから、鍵《かぎ》をかけなければ物《もの》がなくなるようでは、教育上《きょういくじょう》なげかわしいことだと深刻《しんこく》に考《かんが》えてしまった。鍵《かぎ》をかけなくても物《もの》をとらないような子供《こども》たちに育《そだ》てなければならない。それが自分《じぶん》の使命《しめい》〈＝与《あた》えられた重大《じゅうだい》な任務《にんむ》〉であると信《しん》じて、鍵《かぎ》をかけないでも物《もの》がなくならないようにと、子供《こども》たちに説得《せっとく》し、その一年間《いちねんかん》あらゆる努力《どりょく》をしたのであった❶が、それはついに不可能《ふかのう》なことで、彼女《かのじょ》は絶望的《ぜつぼうてき》な気持《きも》ちで帰国《きこく》した、というのである。

相手《あいて》のシステムを知《し》らないということは、その当事者《とうじしゃ》にとって大《おお》きなエネル

❶逆接《ぎゃくせつ》ポイント

ギャクッチ

ギーの浪費《ろうひ》（＝むだづかい）であり、相手《あいて》にとっては不快《ふかい》な異国《いこく》のシステムの強制《きょうせい》をしてしまうことになるのである。というのは、❷インドでは、鍵《かぎ》をかけるということは必《かなら》ずしもだれかが盗《ぬす》むだろうという（相手《あいて》を悪人《あくにん》とみなす）猜《さい》疑心《ぎしん》（＝人《ひと》を疑《うたが》う心《こころ》）からでは❸ない。ここのものを私《わたし》（鍵《かぎ》をかける人《ひと》）が知《し》らないうちにちょっともっていかれては困《こま》る、このままにしておいてほしい、というときにも鍵《かぎ》をかけるのである。大家族《だいかぞく》の家《いえ》などでは、すべて親《した》しい家族《かぞく》の人々《ひとびと》であるし、また、使用人《しようにん》も古《ふる》くからいる家族成員《かぞくせいいん》（＝家族《かぞく》の一員《いちいん》）のように信頼《しんらい》できる者《もの》ばかりで住《す》んでいるのだ❹が、そうした人々《ひとびと》の間《あいだ》でも、みな個人《こじん》のものの入《はい》っている戸棚《とだな》や机《つくえ》の引《ひ》き出《だ》しなどは鍵《かぎ》をかけているのが普通《ふつう》である。たとえば、決《けっ》して他人《たにん》のものになることのないようなアルバムの入《はい》っている戸棚《とだな》でもそうである。鍵《かぎ》をかけるということは、私《わたし》たちにとって、きちんと閉《し》めておく、といった感覚《かんかく》である。

❺ところが、伝統的《でんとうてき》に鍵文化《かぎぶんか》をもたなかった日本《にほん》では、鍵《かぎ》というものは一般《いっぱん》には近代《きんだい》の都市生活《としせいかつ》の発達《はったつ》とともに使《つか》うようになったもので、それは、悪意《あくい》をもっているかもしれない知《し》らない他人《たにん》からの被害《ひがい》を防《ふせ》ぐといった自己防衛《じこぼうえい》、他人《たにん》に対《たい》する疑《うたが》いを前提《ぜんてい》として機能《きのう》している。鍵《かぎ》が指《ゆび》の一部《いちぶ》のようにさえなっている伝統的鍵文化《でんとうてきかぎぶんか》をもつインドの鍵《かぎ》とは、必《かなら》ずしも同《おな》じ意味《いみ》をもっていない。

（中略《ちゅうりゃく》）

こうした文化《ぶんか》の違《ちが》いというものを知《し》らないと、つい自分《じぶん》たちの価値基準《かちきじゅん》で相《あい》

❸打消《うちけ》しポイント

ウチケーシー

❹逆接《ぎゃくせつ》ポイント

ギャクッチ

❺逆接《ぎゃくせつ》ポイント

❷＋対比《たいひ》

ギャクッチ
＋
ターイヒ

手《て》を判断《はんだん》してしまい、それを知《し》らずに強制《きょうせい》してしまう。そして強制《きょうせい》された相手《あいて》の気持《きも》ちもわからない。どんなに言《い》っても、相手《あいて》が従《したが》わなかったり、同意《どうい》しない場合《ばあい》には、まずシステムが違《ちが》っているのではないかと、考《かんが》えてみることが❻重要《じゅうよう》である。そして、私《わたし》たちの価値基準《かちきじゅん》が必《かなら》ずしも他《ほか》の社会《しゃかい》に通用《つうよう》するものではない、という謙虚《けんきょ》な〈＝ひかえめで、つつましい〉認識《にんしき》をもつ❼必要《ひつよう》があるのである。

❻❼気持《きも》ちポイント

キモーチママ

▼スケモンの指摘《してき》した重要箇所《じゅうようかしょ》を抜《ぬ》き出《だ》して、本文《ほんぶん》をまとめてみよう。

❶それ（鍵《かぎ》をかけないこと）はついに不可能《ふかのう》なことで、彼女《かのじょ》は絶望的《ぜつぼうてき》な気持《きも》ちで（インドから）帰国《きこく》した、というのである。

❸（インドでは）ここのものを私《わたし》（鍵《かぎ》をかける人《ひと》）が知《し》らないうちにちょっともっていかれては困《こま》る、このままにしておいてほしい、というときにも鍵《かぎ》をかけるのである。

❹（インドでは）そうした（信頼《しんらい》できる）人々《ひとびと》の間《あいだ》でも、みな個人《こじん》のものの入《はい》っている戸棚《とだな》や机《つくえ》の引《ひ》き出《だ》しなどは鍵《かぎ》をかけているのが普通《ふつう》である。

(❷インドと日本《にほん》の対比《たいひ》)

❺伝統的《でんとうてき》に鍵文化《かぎぶんか》をもたなかった日本《にほん》では、鍵《かぎ》というものは一般《いっぱん》には近代《きんだい》の都市生活《としせいかつ》の発達《はったつ》とともに使《つか》うようになったもので、それは、悪意《あくい》をもっているかもしれない知《し》らない他人《たにん》からの被害《ひがい》を防《ふせ》ぐといった自己《じこ》防衛《ぼうえい》、他人《たにん》に対《たい》する疑《うたが》いを前提《ぜんてい》として機能《きのう》している。

❻どんなに言《い》っても、相手《あいて》が従《したが》わなかったり、同意《どうい》しない場合《ばあい》には、まずシステムが違《ちが》っているのではないかと、考《かんが》えてみることが重要《じゅうよう》である。

❼私《わたし》たちの価値基準《かちきじゅん》が必《かなら》ずしも他《ほか》の社会《しゃかい》に通用《つうよう》するものではない、という謙虚《けんきょ》な(=ひかえめで、つつましい)認識《にんしき》をもつ必要《ひつよう》があるのである。

❷❸❹❺で、インドと日本《にほん》の鍵《かぎ》に対《たい》する考《かんが》え方《かた》の違《ちが》いを述《の》べている。それを踏《ふ》まえ、海外《かいがい》で暮《く》らしたり、仕事《しごと》をしたりするときに、筆者《ひっしゃ》が重要《じゅうよう》であったり必要《ひつよう》だと思《おも》ったりしていることを❻❼の気持《きも》ちポイントで述《の》べている。

設問《せつもん》で聞《き》いているのは「海外《かいがい》で暮《く》らす時《とき》の心《こころ》のもち方《かた》や考《かんが》え方《かた》」なので、❻❼の気持《きも》ちポイントをまとめればよい。

問題《もんだい》5 ▼ 解答《かいとう》

●（例《れい》）文化《ぶんか》が違《ちが》っているのではないかと考《かんが》え、私《わたし》たちの価値観《かちかん》が必《かなら》ずしも他《ほか》の社会《しゃかい》に共通《きょうつう》するものではない、という謙虚《けんきょ》な認識《にんしき》をもつこと。（六十字《じ》）

▼解答法《かいとうほう》その2：上級編《じょうきゅうへん》

グータで具体例《ぐたいれい》を抜《ぬ》き、気持《きも》ちポイントを押《お》さえると、日本人女性《にほんじんじょせい》の例《れい》が消《き》えて3つ《みっ》の部分《ぶぶん》が残《のこ》る。最初《さいしょ》と途中《とちゅう》で一方的《いっぽうてき》に自分《じぶん》たちのシステム（やり方《かた》）を相手《あいて》に押《お》しつけてしまっている問題点《もんだいてん》を述《の》べていて、結論部《けつろんぶ》にある2つ《ふた》の気持《きも》ちポイントによって「海外《かいがい》で暮《く》らす時《とき》の心《こころ》のもち方《かた》や考《かんが》え方《かた》」を述《の》べているので、この2つ《ふた》の気持《きも》ちポイントをまとめればよい。

海外《かいがい》で仕事《しごと》をする多《おお》くの日本人《にほんじん》は、それと知《し》らずに、一方的《いっぽうてき》に自分《じぶん》たちのシステム（＝やり方《かた》）を相手《あいて》におしつけてしまっている場合《ばあい》が少《すく》なくない。そしてそれが、こちら側《がわ》の善意《ぜんい》とか好意《こうい》によって少《すこ》しの疑《うたが》いもなしになされていたりするので、ことはいっそう悲劇的《ひげきてき》になるのである。❶次《つぎ》に記《しる》すのは、そのよい例《れい》で、青年海外協力隊《せいねんかいがいきょうりょくたい》の一員《いちいん》として、インドの農村《のうそん》の幼稚園《ようちえん》で教《おし》えていた日《に》本女性《ほんじょせい》の経験《けいけん》である（これはその方《かた》が去《さ》った後《あと》、私《わたし》がそこを訪《おとず》れ、彼女《かのじょ》の同僚《どうりょう》

❶具体例《ぐたいれい》

グータ

〈＝職場《しょくば》の仲間《なかま》〉からきいた話《はなし》である」。

この人《ひと》は、この幼稚園《ようちえん》で、本箱《ほんばこ》や用品箱《ようひんばこ》の鍵《かぎ》をいつも閉《し》めることになっているのを知《し》り、こんなに幼《おさな》いころから、鍵《かぎ》をかけなければ物《もの》がなくなるようでは、教育上《きょういくじょう》なげかわしいことだと深刻《しんこく》に考《かんが》えてしまった。鍵《かぎ》をかけなくても物《もの》をとらないような子供《こども》たちに育《そだ》てなければならない。それが自分《じぶん》の使命《しめい》〈＝与《あた》えられた重大《じゅうだい》な任務《にんむ》〉であると信《しん》じて、鍵《かぎ》をかけないでも物《もの》がなくならないようにと、子供《こども》たちに説得《せっとく》し、その一年間《いちねんかん》あらゆる努力《どりょく》をしたのであったが、それはついに不可能《ふかのう》なことで、彼女《かのじょ》は絶望的《ぜつぼうてき》な気持《きも》ちで帰国《きこく》した、というのである。

相手《あいて》のシステムを知《し》らないということは、その当事者《とうじしゃ》にとって大《おお》きなエネルギーの浪費《ろうひ》〈＝むだづかい〉であり、相手《あいて》にとっては不快《ふかい》な異国《いこく》のシステムの強制《きょうせい》をしてしまうことになるのである。というのは、インドでは、鍵《かぎ》をかけるということは必《かなら》ずしもだれかが盗《ぬす》むだろうという（相手《あいて》を悪人《あくにん》とみなす）猜疑《さいぎ》心《しん》〈＝人《ひと》を疑《うたが》う心《こころ》〉からではない。このものを私《わたし》（鍵《かぎ》をかける人《ひと》）が知《し》らないうちにちょっともっていかれては困《こま》る、このままにしておいてほしい、というときにも鍵《かぎ》をかけるのである。大家族《だいかぞく》の家《いえ》などでは、すべて親《した》しい家族《かぞく》の人々《ひとびと》であるし、また、使用人《しようにん》も古《ふる》くからいる家族成員《かぞくせいいん》〈＝家族《かぞく》の一員《いちいん》〉のように信頼《しんらい》できる者《もの》ばかりで住《す》んでいるのだが、そうした人々《ひとびと》の間《あいだ》でも、みな個人《こじん》のものの入《はい》っている戸棚《とだな》や机《つくえ》の引《ひ》き出《だ》しなどは鍵《かぎ》をかけているのが普通《ふつう》である。

たとえば、決《けっ》して他人《たにん》のものになることのないようなアルバムの入《はい》っている戸《と》棚《だな》でもそうである。鍵《かぎ》をかけるということは、私《わたし》たちにとって、きちんと閉《し》めておく、といった感覚《かんかく》である。

ところが、伝統的《でんとうてき》に鍵文化《かぎぶんか》をもたなかった日本《にほん》では、鍵《かぎ》というものは一般《いっぱん》には近代《きんだい》の都市生活《としせいかつ》の発達《はったつ》とともに使《つか》うようになったもので、それは、悪意《あくい》をもっているかもしれない知《し》らない他人《たにん》からの被害《ひがい》を防《ふせ》ぐといった自己防衛《じこぼうえい》、他人《たにん》に対《たい》する疑《うたが》いを前提《ぜんてい》として機能《きのう》している。鍵《かぎ》が指《ゆび》の一部《いちぶ》のようにさえなっている伝統的鍵文化《でんとうてきかぎぶんか》をもつインドの鍵《かぎ》とは、必《かなら》ずしも同《おな》じ意味《いみ》をもっていない。

（中略《ちゅうりゃく》）

こうした文化《ぶんか》の違《ちが》いというものを知《し》らないと、つい自分《じぶん》たちの価値基準《かちきじゅん》で相手を判断《はんだん》してしまい、それを知《し》らずに強制《きょうせい》してしまう。そして強制《きょうせい》された相手《あいて》の気持《きも》ちもわからない。どんなに言《い》っても、相手《あいて》が従《したが》わなかったり、同意《どうい》しない場合《ばあい》には、まずシステムが違《ちが》っているのではないかと、考《かんが》えてみることが重《じゅう》要《よう》である。そして、私《わたし》たちの価値基準《かちきじゅん》が必《かなら》ずしも他《ほか》の社会《しゃかい》に通用《つうよう》するものではない、という謙虚《けんきょ》な（＝ひかえめで、つつましい）認識《にんしき》をもつ必要《ひつよう》があるのである。

↓重要箇所《じゅうようかしょ》

↓重要箇所《じゅうようかしょ》

お姉《ねえ》ちゃん頑張《がんば》ろう！
うん

おわりに　小学生《しょうがくせい》の君《きみ》たちへ

さて、これですべての授業《じゅぎょう》は終《お》わりだ。おつかれさま。

長文《ちょうぶん》を読《よ》むために必要《ひつよう》な7《なな》つのコツを覚《おぼ》えてくれたかな？

え、読《よ》み終《お》わったら、もう忘《わす》れちゃった？

そんなことはないよ。耳《みみ》をすませてごらん。頭《あたま》の中《なか》から聞《き》こえてくるだろ。

ヘイ、合点《がってん》でげす…。ホホホ…。ない、ない、な〜んもない…。ぼく、なんでも疑問《ぎもん》を持《も》つモン…。だりぃな…ねみぃよ…。つまり、すなわち、要《よう》するに…。ターイヒ！

ほら、スケモンたちの声《こえ》がするだろ。この本《ほん》を読《よ》んだ君《きみ》たちにはスケモンがついているから、どんな文章《ぶんしょう》だって簡単《かんたん》に読《よ》めるはずだよ。

え？　小学校《しょうがっこう》で勉強《べんきょう》するような文章《ぶんしょう》ならスケモンが使《つか》えるけれど、中学《ちゅうがく》や高校《こうこう》に入《はい》ったら無理《むり》だろうって⁉

チ、チ、チ、そんなことはないよ。私《わたし》は今《いま》、高校《こうこう》で大学入試問題《だいがくにゅうしもんだい》を教《おし》えているけれど、その時《とき》にもスケモンが使《つか》えるんだ！　本当《ほんとう》だよ。

日本語《にほんご》の文章《ぶんしょう》には決《き》まった書《か》き方《かた》があるので、この本《ほん》で学《まな》んだことはどんな文章《ぶんしょう》にでも通用《つうよう》するんだ。だから、中学《ちゅうがく》へ行《い》っても、高校《こうこう》へ行《い》っても大丈夫《だいじょうぶ》。いつだってスケモンたちが助《たす》けてくれるからね。

君《きみ》たちはもう長文読解《ちょうぶんどっかい》マスターになったんだ。だから、自信《じしん》を持《も》って国語《こくご》の勉強《べんきょう》を続《つづ》けていこう!!

実《じつ》は私《わたし》が開発《かいはつ》したスケモンは、この本《ほん》で紹介《しょうかい》した以外《いがい》にもまだまだたくさんいるんだ。そのスケモンたちをゲットしたら、もっともっと文章《ぶんしょう》が読《よ》めるようになるんだけど、それはまた別《べつ》の機会《きかい》にしよう。

それじゃ、今回《こんかい》はこれで終《お》わりだ。
君《きみ》たちとまた会《あ》えることを願《ねが》っているよ。
じゃあね！

ゴチッ!!（イテッ！　ドアに頭《あたま》ぶつけちゃったよ…）

保護者の皆様へ

本書はいかがだったでしょうか。学校で教わる内容と違うので、少し戸惑われたお子さんもいるかもしれません。

本書では、文章内の表現と構成に注目することで、筆者の言いたいことが導き出せるようになる方法を紹介しています。実はこの手法は、大学入試センター試験対策を指導する際によく使われるもので、長い文章を短時間で理解するには非常に効果的なのです。

ですから、お子さんには、本書を何度も読んでスケモンたちの特技や口癖を覚えるように指導してあげてください。

スケモンは読解のコツをキャラクター化したものなので、スケモンについて覚えるだけでそのコツが身につきます。そうして、スケモンたちをイメージしながら文章を読むと、自ずとポイントがわかるようになります。

これまで漫然と文章を読んでいたお子さんが、それぞれのポイントで立ち止まり、「あ、逆接ポイントを見つけた」「ここは気持ちポイントだ」などと言えるようになると、読解力は一気に高まります。

国語が苦手になるのは、文章を読むことが面倒だったり、読んでも意味がわからなかったりするからです。そのため、「文章を読まない」⇒「読解力がつかない」⇒「つまらない」という負のスパイラルに陥ってしまうのです。

本書は「楽しく学ぶ」ことをコンセプトにしていますので、スケモンを使った学習をゲームだと考えるようにしてください。

ゲームは楽しいものであり、楽しいことには自分から積極的に取り組むものです。国語が苦手だったお子さんが、自ら進んで文章を読むようになれば、著者としてこんなに嬉しいことはありません。

ただし、本書で示したのはあくまで読解の基礎であり、これですべてというわけではありません。中学受験に臨むには、漢字や語彙、接続詞などの幅広い知識が必要になります。本書はあくまで入門編として捉えていただき、本書をマスターした後は、ぜひレベルアップした文章や問題に挑んでほしいと思います。

本書が少しでも国語がニガテなお子さんの役に立つことを心より願っています。

２０２１年11月

長尾誠夫

本誌に登場した7匹の
スケモンファイル

001 ギャクッチ

ダジャレが大好きな最強のスケモン

特技　逆接表現をチェックして重要ポイントを抜き出す。

効果　文章の中で、どの部分が大切なのかが理解できる。

性格　自分勝手で聞く側の気持ちを考えず、いつもダジャレばかり言っている。

002 ウチケーシー

重要ポイントを見つけ出す怪しいドクター

特技　打消し表現をチェックして重要ポイントを抜き出す。

効果　文章の中で、どの部分が大切なのかが理解できる。

性格　ニヒルでプライドが高く、「ない、ない、な〜んもない」が口癖。

003 マートメ

超おせっかいなまとめ屋

特技　まとめの部分を探し出して要旨をわかりやすくする。

効果　長い説明を簡単な言葉で理解できる。

性格　おせっかいで、すぐに話をまとめたがる。口癖は「つまり、すなわち、要するに」。

004 キモーチママ

気持ちをわかってあげる優しいスケモン

特技　筆者の気持ちが入った部分を見つけて抜き出す。

効果　筆者の主張がわかりやすくなる。

性格　面倒見がよく、お母さんのように優しくおだやかで包容力がある。

005 グータ

具体例を抜いてくれるめんどくさがり屋

特技　具体例の部分を削除して重要な部分をわかりやすくする。

効果　論旨の展開や筆者の主張がわかりやすくなる。

性格　めんどくさがり屋で、いつもグタ〜としていて『ねみぃよ』『だりぃな』が口癖。

006 ターイヒ

文章の対比構造を見つけるバードスケモン

特技　文章全体を見て対比の部分を見つける。

効果　論旨の構造がはっきりとして、文章の理解に役立つ。

性格　臆病で、何か言われるとすぐに「ターイヒ」と叫んで「退避」してしまう。

007 ギーモン

疑問の答えから筆者の主張を抜き出す小悪魔

特技　筆者が抱く疑問とそれに呼応した答えを見つけ出す。

効果　筆者の主張をすぐに見つけ出すことができる。

性格　デーモンの親戚でお仕置き好きだが、問題が解けるととたんに優しくなる。

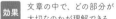

長尾　誠夫（ながお　せいお）
愛媛県生まれ。東京学芸大学卒業。都立高校国語教師・ミステリ作家。都立高校に勤めるかたわら、『源氏物語人殺し絵巻』で第4回サントリーミステリー大賞読者賞を受賞し作家デビュー。『早池峰山の異人』で第45回推理作家協会賞短編部門候補となる。日本推理作家協会会員。著書に『邪馬台国殺人考』（文藝春秋）、『黄泉国の皇子』（祥伝社）、『子規と漱石のプレイボール』（ぴあ）、『鬼譚～闇のホムンクルス～』（朝日メディアインターナショナル）、『清少納言と学ぶ古典文法』（彩図社）などがあり、本書『中学受験 まんがで学ぶ！ 国語がニガテな子のための読解力が身につく7つのコツ 説明文編』（Gakken）はロングセラーとなっている。

佐久間　さのすけ（さくま　さのすけ）
神奈川県生まれ。東京デザイナー学院イラストレーション科卒業。フリーランスイラストレーター。書籍やトレーディングカードゲームの『ポケモンカードゲーム』（株式会社ポケモン）、『カードファイト!! ヴァンガード』（株式会社ブシロード）など、様々なメディアでイラスト制作を担当。

本文デザイン　アトリエ・プラン
編集協力　斎藤真史、企画のたまご屋さん（白熊桃子）

読者アンケートのお願い
本書に関するアンケートにご協力ください。
右のコードかURLからアクセスし，以下のアンケート番号を入力してご回答ください。
当事業部に届いたものの中から抽選で年間200名様に，「図書カードネットギフト」500円分をプレゼントいたします。
https://ieben.gakken.jp/qr/dokkai_7tsu/
アンケート番号：305519

中学受験 まんがで学ぶ！
国語がニガテな子のための読解力が身につく７つのコツ
説明文編　改訂版

学研グループの書籍・雑誌についての新刊情報・詳細情報は、下記をご覧ください。
学研出版サイト　https://hon.gakken.jp/